Helmut F. Kaplan

LEICHENSCHMAUS

Ethische Gründe für eine vegetarische Ernährung

Helmut F. Kaplan

LEICHENSCHMAUS

Ethische Gründe für eine vegetarische Ernährung

Helmut F. Kaplan, geboren 1952 in Salzburg, ist Ethiker und Autor. Seine Bücher, Aufsätze, Artikel und öffentlichen Auftritte haben wesentlich zur Einführung der Tierrechtsphilosophie in den deutschen Sprachraum beigetragen. Zuletzt erschien von ihm „Ich esse meine Freunde nicht oder Warum unser Umgang mit Tieren falsch ist."

ISBN 978-3-8448-7264-4

Herstellung und Verlag: Books on Demand GmbH, Norderstedt
Umschlaggestaltung: Kevin T. Fischer, Werkgemeinschaft Buchbande
Satz und Layout: Kevin T. Fischer, Werkgemeinschaft Buchbande
Coverfoto: © Dirk Gießelmann, www.soylent-network.com
Autorenfoto auf der Coverrückseite: © Carsten Holm/DER SPIEGEL

Bibliografische Information der Deutschen Nationalbibliothek
Die Deutsche Nationalbibliothek verzeichnet diese Publikation in der Deutschen Nationalbiografie; detaillierte bibliographische Daten sind im Internet über http://dnb.dd-nb.de abrufbar

Inhalt

Philosophische Aspekte der Mensch-Tier-Beziehung

Einwände gegen den Vegetarismus und ihre Beantwortung

Anhang (neu)

Vorwort zur vierten Auflage

Als dieses Buch geschrieben und 1993 erstmals veröffentlicht wurde, war die Welt für Tierrechtler insofern noch in Ordnung, als zwar wie heute Tierleid, Tierfolter und Tiermord an der Tagesordnung waren, man sich aber sicher war, den richtigen Weg zur Befreiung der Tiere zu kennen: Die analoge Abfolge von Sklavenbefreiung, Bürgerrechtsbewegung, Frauenemanzipation und Tierbefreiung erschien historisch und ethisch „logisch", konsequent und unausweichlich.

Inzwischen ist diesem Bewußtsein teilweise Ernüchterung und Verunsicherung gewichen: Die Tierrechtsbewegung ist zerstritten und gespalten und viele stellen sich bange die Frage: Wann werden wir unser Ziel endlich erreichen? Oder gar: Werden wir unser Ziel überhaupt je erreichen? Genau um diese Ernüchterung und Verunsicherung soll es hier allerdings *nicht* gehen – sondern um die historische Aufbruchstimmung und um die Wucht der Argumente, die für die Befreiung der Tiere sprechen.

Fakten, Vernunft und Moral befanden und befinden sich auf seiten der Tierrechtsbewegung. Ihre grundlegenden Argumente sind in der allgemeinen Bevölkerung allerdings heute so unbekannt wie sie es 1993 waren. So ist es auch wenig verwunderlich, daß viele damalige Aussagen und Analysen zum Status der Tierrechtsbewegung und zur Haltung der Fleischesser – leider! – geradezu tagesaktuelle Gültigkeit besitzen.

Zwar sind Fleischkonsum bzw. Vegetarismus mittlerweile mediale Themen, ihre Diskussion erfolgt aber unter den Stichworten Ernährung, Gesundheit, Bio, Umwelt und Klima. Die Zauberformel, auf die sich Medien wie Menschen geradezu manisch stürzen, lautet „Weniger Fleisch!" – um der Umwelt und der Gesundheit willen. Daß Tiere dadurch auch weniger leiden, ist kaum mehr als ein netter Nebeneffekt. Mit Tierethik und Tierrechten hat dies wenig bis nichts zu tun.

Dennoch: Selbst wenn sich die Tierrechtsbewegung nie durchsetzen sollte, hat sie sich ein bleibendes Verdienst erworben: Ihre Aussagen und Forderungen sind der Gradmesser für die Differenz zwischen tatsächlichem und ethischem Umgang mit Tieren.

Salzburg, im Oktober 2010 Helmut F. Kaplan

Hinweise zur vierten Auflage

Der Text der Erstauflage wurde weitgehend unverändert übernommen.

Passagen der ersten Auflage, die in der vierten Auflage weggelassen wurden, sind mit „[...]" gekennzeichnet.

Minimale Änderungen gegenüber der ersten Auflage, etwa das Weglassen oder Hinzufügen einzelner Wörter, Veränderungen in der Groß- und Kleinschreibung, Überschriftennumerierung usw., um übersehene Fehler zu beseitigen, den Lesefluß zu erleichtern oder die Übersichtlichkeit zu erhöhen, werden nicht gekennzeichnet.

Lange Zitate werden nicht mehr durch kleinere Schrift kenntlich gemacht, sondern durch Anführungszeichen und eine Leerzeile vor und nach dem Zitat.

Überprüfungsgrundlage dieser vierten Auflage ist der Text der ersten Auflage (Rowohlt, 1993). Letzterer wurde nur in Ausnahmefällen noch einmal überprüft.

Das ursprüngliche Nachwort (zur „Euthanasie-Debatte") wurde weggelassen. Der jetzige Anhang ist neu.

Zum Abschnitt „Einwände gegen den Vegetarismus und ihre Beantwortung": Weitere Einwandbeantwortungen finden sich in meinem Buch „Tiere haben Rechte –

Argumente und Zitate von A – Z“ (Harald Fischer Verlag, 2. Auflage 2002).

Vorwort

Sich für die Rechte von Tieren einzusetzen war niemals eine dankbare Angelegenheit. Heute ist dies allerdings eine ganz besonders undankbare Aufgabe. Sofort, ja geradezu reflexartig stellen sich nämlich eine ganze Reihe von schwierigen und schwerwiegenden Fragen. Zum Beispiel: Kann man legitimerweise über Tierrechte nachdenken, solange die Menschenrechte noch immer – und schon wieder – mit Füßen getreten werden? Oder: Ist es angesichts des drohenden ökologischen Zusammenbruchs nicht viel wichtiger, für den Schutz der gesamten Umwelt zu kämpfen als für die Rechte einzelner Tiere? Oder: Hat es angesichts des offenkundig nicht mehr abzuwendenden Weltuntergangs überhaupt noch einen Sinn, sich für irgendetwas zu engagieren – geschweige denn für eine so dubiose Sache wie Tierrechte?

Dennoch: All diese Fragen können, wie das vorliegende Buch beweist, klar beantwortet werden. Man muß sich nur der Mühe unterziehen, jahrtausendealte philosophische Trampelpfade zu verlassen. [...]

Im Zusammenhang mit der Tierrechts-Bewegung gilt es, eine terminologische Klärung vorzunehmen, um unnötige Mißverständnisse zu vermeiden: Im Rahmen der Tierrechts-Bewegung ist, wie der Name dieser Bewegung nahelegt, oft von „Tierrechten“ bzw. „Rechten von Tieren“ die Rede. Und zwar in einem ganz untechnischen, *umgangssprachlichen* Sinne. Gemeint ist damit das gleiche, wie wenn in bezug auf Menschen von „Menschenrechten“, vom „Recht auf Freizügigkeit", vom „Recht auf körperliche Unversehrtheit" oder dergleichen die Rede ist: Es soll einfach zum Ausdruck gebracht werden, daß das entsprechende Individuum einen *Anspruch* auf eine bestimmte Sache oder auf eine bestimmte Behandlung hat.

Darüber hinaus haben die Ausdrücke „Recht" und „Rechte" in der Tierrechts-Bewegung und -Diskussion aber auch noch eine andere, speziellere Bedeutung: Sie stellen das *philosophische* Grundkonzept in der Theorie Tom Regans – des nach Peter Singer bedeutendsten „Tierrechtlers" – dar. Immer wenn im folgenden von „Tierrechten" oder „Rechten von Tieren" die Rede ist, ohne daß ein ausdrücklicher Bezug zu Regans theoretischem Konzept gegeben ist, ist die zuerst genannte, umgangssprachliche Bedeutung dieser Ausdrücke gemeint.

Bei einem Teil der Beiträge dieses Buches kommt es zu inhaltlichen Überschneidungen. Diese wurden absichtlich *nicht* beseitigt, und zwar aus folgenden Gründen: Erstens stellen die einzelnen Texte jeweils einheitliche Gebilde dar, die zumeist in kurzer Zeit, quasi „in einem Zug" geschrieben wurden. Daraus resultiert eine stilistische Homogenität der einzelnen Beiträge, die durch nachträgliche inhaltliche Eingriffe zerstört würde. Zweitens stellen alle Texte, so wie sie jetzt abgedruckt werden, jeweils ein inhaltlich abgeschlossenes Ganzes dar, so daß sie ohne weiteres auch unabhängig voneinander und in beliebiger Reihenfolge gelesen werden können. Schließlich, drittens, betreffen sämtliche Überschneidungen wichtige Themen und Aspekte, so daß es nur von Vorteil ist, wenn diese aus unterschiedlichen

Perspektiven gesehen und auf unterschiedlichem Abstraktionsniveau behandelt werden.

Salzburg, im Februar 1993 Helmut F. Kaplan

Es ist das Schicksal jeder Wahrheit,
vor ihrer Anerkennung ein Gegenstand
des Lächelns zu sein.

Albert Schweitzer

Solange die Menschen die wandelnden
Gräber der von ihnen ermordeten Tiere sind,
wird es Kriege geben auf dieser Erde.

George Bernard Shaw

Solange es Schlachthäuser gibt,
so lange wird es Schlachtfelder geben.

Leo Tolstoi

Wo es um Tiere geht,
wird jeder zum Nazi…
Für die Tiere ist jeden
Tag Treblinka.

Isaac Bashevis Singer

Der Tag wird kommen,
an dem das Töten eines Tieres genauso als
Verbrechen betrachtet werden wird wie das
Töten eines Menschen.

Leonardo da Vinci

Es gibt kein Zurück mehr ...

Ich bin seit 1963 Vegetarier. Und dem endgültigen Entschluß, kein Fleisch mehr zu essen, ging natürlich eine Entwicklung voraus: das Wissen um das unendliche Leiden der Tiere, die Erkenntnis, daß dieses Leiden ethisch in keiner Weise zu rechtfertigen ist, und vor allem Trauer und Zorn über die eigene Ohnmacht – kurz: alles, was der Tierrechtsbewegung ihre gegenwärtige und historische Kraft verleiht.

Das Schlimmste zu jener Zeit war aber nicht die Ohnmacht, die Verbrechen gegenüber Tieren zu verhindern, sondern das Gefühl, der einzige zu sein, der diese Verbrechen überhaupt *sieht*. Sicher: Es gab auch damals den einen oder anderen Vegetarier. Und es gab auch damals vereinzelte vegetarische Gruppen und Zeitschriften. Aber all dies bewegte sich im intellektuellen Ghetto. All dies hatte den Geruch des Unseriösen. Und all dies *war* zum Großteil auch unseriös, irrational und sektiererhaft. Auf alle Fälle war man Welten davon entfernt, die Fragen im Zusammenhang mit dem Fleischessen in ihren wirklichen – faktischen wie philosophischen – Dimensionen wahrzunehmen.

Ich kam mir vor wie der sprichwörtliche Rufer in der Wüste, mehr noch: wie der einzige Gesunde in einer Nervenheilanstalt, in der nicht nur die Patienten, sondern auch die Ärzte geisteskrank sind. Ich wünschte mir nichts so sehr wie eine Situation, ein geistiges Klima, in dem die Menschen zumindest die *Probleme* im Zusammenhang mit dem Fleischessen erkennen. Dieser Wunsch ist dank der Tierrechtsbewegung in Erfüllung gegangen. Heute kann man jedem halbwegs aufgeklärten und vernünftigen Menschen verständlich machen, daß es weder ethisch noch ökologisch unproblematisch ist, jährlich Milliarden von Tieren für menschliche Ernährungszwecke aufzuziehen und umzubringen.

Das heißt natürlich noch nicht, daß diesen ethischen und ökologischen Problemen die ihnen gebührende Aufmerksamkeit geschenkt würde. Und das heißt schon gar nicht, daß diese Probleme auch angemessen gelöst würden. Aber es heißt, daß man heute solche Fragen ansprechen kann, ohne von vornherein zu einem weltfremden, sentimentalen Spinner abgestempelt zu werden. Und dies ist im Vergleich zu früher ein enormer und epochaler Fortschritt.

Entscheidend ist aber vor allem dies: Wie auch immer die künftige Entwicklung der Tierrechtsbewegung verlaufen wird, es gibt nur mehr ein Vorwärts und kein Zurück. Es gibt kein Zurück mehr hinter den heutigen Kenntnis- und Bewußtseinsstand. Die Fakten und Argumente liegen auf dem Tisch. Die Ideen der Tierrechtsbewegung gehören zum unverlierbaren zivilisatorischen Gedankengut der Menschheit. Und sie haben dort das gleiche Gewicht und den gleichen moralischen und politischen Stellenwert wie jene Ideen, die zur Überwindung der Sklaverei geführt haben.

Die Ideen der Tierrechtsbewegung sind ebensowenig mehr aus der Welt zu schaffen wie unser Wissen um den Bau der Atombombe. Und solange wir uns nicht selbst in die Luft gesprengt haben, werden sowohl die lebensfördernden als auch die lebensfeindlichen Gedanken und Kräfte wirken und unsere Zukunft bestimmen. Die Entscheidung über Leben und Tod wird weder im Himmel noch in der Hölle getroffen, sondern auf der Erde – von uns.

PHILOSOPHISCHE ASPEKTE DER MENSCH-TIER-BEZIEHUNG

Philosophie des Vegetarismus

„Philosophie des Vegetarismus" ist ein mehrdeutiger Ausdruck. Verschiedene Menschen werden darunter Unterschiedliches verstehen. Dies vor allem deshalb, weil in diesem Zusammenhang meist falsch, zuwenig oder gar nicht unterschieden wird zwischen Philosophie einerseits und Religion, Esoterik und anderen Bereichen andererseits. Auf Definitionsprobleme wollen wir hier aber nicht näher eingehen. Vielmehr wollen wir es dabei bewenden lassen festzustellen, daß es seit der Antike eine geistige Auseinandersetzung mit dem Vegetarismus, das heißt mit dem Phänomen des Nicht-Fleisch-Essens, gibt – mit unterschiedlicher Akzentuierung und in sehr unterschiedlicher Intensität.

Wenn man die Philosophie des Vegetarismus nun aus der Sicht der Hauptbetroffenen, also aus der Sicht der *Tiere*, betrachtet und fragt, was sie *ihnen genützt* hat, so muß man sagen: außerordentlich wenig. Der Grund für diese Folgenlosigkeit liegt in der bereits erwähnten mangelnden Unterscheidung zwischen Philosophie, Religion, Esoterik usw.: Lehren und Einstellungen, die mit einem bestimmten *Glauben* verknüpft sind, sind in ihrer *Wirksamkeit* auf diejenigen beschränkt, die diesen Glauben teilen. Wer, um ein Beispiel zu nennen, den Vegetarismus mit der Seelenwanderung begründet und rechtfertigt, der wird denjenigen nie überzeugen, der an die Seelenwanderung nicht glaubt. Aus diesem Grund hat sich die Philosophie des Vegetarismus über Jahrtausende hinweg nicht aus ihrer praktischen Folgenlosigkeit und ihrem sprichwörtlichen Sektierertum befreien können.

Hinzu kommt: Wer in seinem Denken und Argumentieren Gefangener seines Glaubens bleibt, kann vor allem denjenigen nicht überzeugen, der den *entgegengesetzten* Glauben hat. Wer gefühlsmäßig von der *Falschheit* des Fleischessens überzeugt ist, kann und wird denjenigen niemals beeindrucken, der gefühlsmäßig von der *Richtigkeit* des Fleischessens überzeugt ist. Zwischen verschiedenen Glaubensrichtungen gibt es eben letztlich keine realistischen Überzeugungsmöglichkeiten, sondern lediglich vage Bekehrungshoffnungen.

Historische Wende

Die Jahrtausende währende Sprach- und Folgenlosigkeit der Philosophie des Vegetarismus hat Mitte der siebziger Jahre unseres Jahrhunderts eine historische Wende erfahren, deren Bedeutung gar nicht überschätzt werden kann. Seit dieser Zeit gibt es nämlich eine *rationale Diskussion* über den moralischen Status von Tieren und damit auch über die Richtigkeit oder Falschheit des Vegetarismus. Dadurch erhält die Auseinandersetzung mit dem Vegetarismus und mit der Mensch-Tier-Beziehung allgemein eine völlig neue Dimension:

Erstens werden Widersprüche zwischen verschiedenen Lehrmeinungen nun rational diskutierbar und damit, zumindest potentiell, auch rational lösbar - während man sich früher völlig sprach- und verständnislos gegenüberstand.

Und *zweitens* ist es mit der bisherigen, quasi zweistufigen Ethik nun ein für allemal zu Ende. Bis Mitte der siebziger Jahre gab es eine „offizielle" Ethik, für die es überhaupt keine Frage war, daß ihr Gegenstand der Mensch und *nur* der Mensch ist. Und daneben gab es so etwas wie eine Untergrundethik, die sich mit unserem Umgang mit Tieren befaßte. Diese Tierethik stand von jeher im Verdacht, etwas von Spinnern für Spinner zu sein – was in der Tat nicht selten zutraf.

Diese Zwei-Klassen-Ethik – eine Hauptethik für die Menschen und eine Nebenethik für die Tiere – ist nun zu Ende. Jetzt gibt es *eine* Ethik für Menschen *und* Tiere. Jetzt gibt es ethische Theorien, die den richtigen Umgang mit Menschen *und* Tieren zum Gegenstand haben. Kurz: Jetzt werden moralische Fragen in bezug auf Menschen und Tiere mit *einem* ethischen Maßstab bewertet und behandelt.

Ursache und Motor für diese Wende ist die sogenannte *Tierrechtsbewegung*. Den Beginn dieser Bewegung markiert das im Jahre 1975 erschienene Buch „Animal Liberation" von Peter Singer. Der Titel dieses Buches (deutsch 1982: „Befreiung der Tiere") illustriert zugleich Programm und Ziel der ganzen Tierrechtsbewegung: Unser heutiger Umgang mit Tieren entspricht moralisch dem Umgang der Weißen mit den Negersklaven. Und die *Befreiung der Tiere* ist heute ebenso wichtig, richtig und notwendig, wie es einst die *Befreiung der Sklaven* war.

Neben Peter Singer ist Tom Regan der prominenteste Vertreter dieser neuen Bewegung, die bis jetzt fast ausschließlich im englischsprachigen Raum wirksam war, die aber nun auch bei uns immer mehr an Bedeutung gewinnt. Singer und Regan stehen jeweils für ein bestimmtes philosophisches Konzept im Rahmen der Tierrechtsbewegung. Singer argumentiert mit dem *Gleichheitsprinzip*, Regan damit, daß sowohl Menschen als auch Tieren *Rechte* zuerkannt werden müssen.

Inzwischen gibt es – ausgehend von diesen beiden Grundkonzepten und wiederum vor allem im englischen Sprachraum – eine umfangreiche Literatur und eine lebhafte Diskussion über den moralischen Status von Tieren. Entscheidend an dieser Diskussion sind drei Aspekte, die gleichzeitig den Unterschied zum traditionellen Tierschutz, wie wir ihn im deutschsprachigen Raum kennen, deutlich machen:

- Diese Diskussion über unsere moralischen Pflichten gegenüber Tieren wird nicht nur in kleinen Vereinen und in esoterischen Grüppchen geführt, sondern auch in der breiteren Öffentlichkeit.
- Diese Diskussion wird auch und vor allem auf universitärer Ebene geführt.
- Diese Diskussion hat reale Konsequenzen zugunsten der Tiere. Ohne jede Übertreibung kann man sagen, daß die Philosophie der Tierrechtsbewegung für die Tiere ungleich mehr erreicht hat als alle Tierschutzinitiativen der vorangegangenen zwei Jahrtausende zusammen.

Gleichheitsprinzip

Um die Philosophie der Tierrechtsbewegung in ihrem Stellenwert und in ihrer Durchschlagskraft zu veranschaulichen, soll im folgenden das Gleichheitsprinzip herausgegriffen und näher erläutert werden. Da dieses Prinzip immer wieder Anlaß für fatale Missverständnisse ist, wollen wir gleich mit den beiden häufigsten Mißverständnissen beginnen, um von vornherein klarzustellen, was das Gleichheitsprinzip *nicht* ist.

Das Gleichheitsprinzip behauptet nicht, daß die Menschen gleich sind: Angesichts der vielfältigen und augenfälligen Unterschiede zwischen den Menschen wäre es auch völlig absurd, eine solche Behauptung aufzustellen. Natürlich sind die Menschen *nicht* gleich. Es gibt alte und junge, gesunde und kranke, extravertierte und introvertierte Menschen und so weiter und so fort. Ebensowenig behauptet das Gleichheitsprinzip, daß Menschen und Tiere gleich sind. Menschen und Tiere sind ebensowenig gleich wie die Menschen untereinander gleich sind.

Das Gleichheitsprinzip fordert nicht, daß die Menschen gleich behandelt werden: Da die Menschen nicht gleich sind, brauchen sie auch nicht gleich behandelt zu werden. Alte und junge, gesunde und kranke, extravertierte und introvertierte Menschen usw. haben jeweils *unterschiedliche Interessen*, die eine *unterschiedliche Behandlung* erfordern und rechtfertigen. So brauchen etwa Altersheiminsassen keine Sandkiste zum Spielen, während andererseits Kinder keinen Fahrstuhl in den ersten Stock brauchen. Gesunde brauchen keinen Rollstuhl, während Gehbehinderte keine Joggingausrüstung benötigen usw.

Ebensowenig und aus dem gleichen Grund fordert das Gleichheitsprinzip, daß Menschen und Tiere gleich behandelt werden sollen: Menschen und Tiere haben wie verschiedene Menschen unterschiedliche Interessen, die eine unterschiedliche Behandlung erfordern. So brauchen Tiere zum Beispiel kein Wahlrecht und keine Religionsfreiheit, während andererseits Menschen mit Katzenbäumen und Hundeknochen nicht viel anfangen können.

Kurz: Das Gleichheitsprinzip fordert weder, daß verschiedene Menschen gleich behandelt werden, noch, daß Menschen und Tiere gleich behandelt werden, weil sowohl verschiedene Menschen als auch Menschen und Tiere unterschiedliche Interessen haben.

Was das Gleichheitsprinzip fordert, ist hingegen dies: Wo und soweit Menschen und Tiere ähnliche Interessen haben, *da* sollen diese ähnlichen Interessen auch *gleich berücksichtigt* werden. Also: *Wo* verschiedene Menschen ähnliche Interessen haben, da müssen wir diese ähnlichen Interessen auch gleich berücksichtigen, das heißt ihnen das gleiche moralische Gewicht verleihen. Und wo Menschen und Tiere ähnliche Interessen haben, da müssen wir ebenfalls diesen ähnlichen Interessen das gleiche moralische Gewicht verleihen:

Weil alle Menschen ein Interesse an angemessener Nahrung und Unterkunft haben, müssen wir dieses Interesse auch bei allen Menschen in gleichem Maße berücksichtigen. Und weil sowohl Menschen als auch Tiere leidensfähig sind, müssen wir das Interesse, nicht zu leiden, bei Menschen und Tieren gleich berücksichtigen, das heißt gleich ernst nehmen. Und so weiter.

Rassismus und Sexismus

Die gesellschaftliche und politische Bedeutung des Gleichheitsprinzips liegt nun vor allem darin, daß sich mit ihm konkret zeigen läßt, daß und warum bestimmte kollektive Diskriminierungen falsch sind. So kann man mit Hilfe des Gleichheitsprinzips zum Beispiel zeigen, daß und warum *Rassismus* falsch ist.

Nehmen wir die rassistische Diskriminierung von Schwarzen durch Weiße. Schwarze Amerikaner erzielen bei Intelligenztests im Durchschnitt schlechtere Ergebnisse als weiße Amerikaner. Was immer nun aber auch die Ursache für dieses schlechtere Abschneiden der Schwarzen sein mag, es ändert nichts daran, *daß Schwarze und Weiße im wesentlichen (durchschnittlich) die gleichen Interessen haben.* Denn die wichtigsten menschlichen Interessen – das Interesse, befriedigende persönliche Beziehungen zu anderen zu haben, angemessene Nahrung und Unterkunft zu haben, Schmerzen zu vermeiden, unsere Fähigkeiten zu entfalten, unsere Pläne ungestört zu verwirklichen usw. – werden von Intelligenzunterschieden überhaupt nicht berührt.

Rassisten treten aber für eine räumliche Trennung, zumindest für eine soziale Andersbehandlung (insbesondere in bezug auf die Bildungschancen) der Schwarzen ein, die zur Folge hat, daß die Interessen der Schwarzen weniger befriedigt werden als die ähnlichen Interessen der Weißen. Mit anderen Worten: Rassisten setzen Handlungen, bei denen die ähnlichen Interessen von Schwarzen und Weißen nicht im gleichen Maße berücksichtigt werden. Deshalb ist Rassismus falsch.

Auf ähnliche Weise läßt sich mit Hilfe des Gleichheitsprinzips auch zeigen, daß und warum *Sexismus* falsch ist. Die wichtigsten, aufgrund von Tests festgestellten psychischen Unterschiede zwischen Männern und Frauen sind, daß Frauen eine größere Sprachfähigkeit haben, während Männer größere mathematische Fähigkeiten zu haben scheinen; darüber hinaus sind Männer aggressiver als Frauen. Was immer aber auch die Ursachen für diese Unterschiede zwischen Männern und Frauen sein mögen, diese Unterschiede ändern nichts daran, *daß Männer und Frauen im wesentlichen (durchschnittlich) die gleichen Interessen haben.* Denn die wichtigsten menschlichen Interessen – das Interesse, befriedigende persönliche Beziehungen zu anderen zu haben, angemessene Nahrung und Unterkunft zu haben, Schmerzen zu vermeiden, unsere Fähigkeiten zu entfalten, unsere Pläne ungestört zu verwirklichen usw. – werden von unterschiedlich ausgeprägter Aggressivität ebensowenig betroffen wie von unterschiedlich ausgeprägten sprachlichen und mathematischen Fähigkeiten.

Sexisten treten aber für eine generelle Andersbehandlung (zumindest und insbesondere in bezug auf Ausbildung und Berufswahl) von Mädchen und Frauen ein, die zur Folge hat, daß die Interessen der Frauen weniger befriedigt werden als die ähnlichen Interessen der Männer. Mit anderen Worten: Sexisten setzen Handlungen, bei denen die ähnlichen Interessen von Frauen und Männern nicht in gleichem Maße berücksichtigt werden.

Rassismus und Sexismus sind Verstöße gegen das Gleichheitsprinzip: Die ähnlichen Interessen von Schwarzen und Weißen bzw. von Frauen und Männern werden nicht in gleichem Maße berücksichtigt bzw. ernst genommen. Der Rassist sagt: „Weil du eine andere Hautfarbe hast, zählen deine Interessen weniger." Und der Sexist sagt: „Weil du zum anderen Geschlecht gehörst, zählen deine Interessen weniger." Und genau dies ist das Skandalöse und Irrationale an Rassismus und Sexismus: Als Kriterium für die moralische Diskriminierung, für die moralische Benachteiligung wird eine Eigenschaft herangezogen, die moralisch überhaupt nicht relevant ist: die Hautfarbe bzw. das Geschlecht.

Speziesismus

Mit Hilfe des Gleichheitsprinzips läßt sich aber nicht nur konkret veranschaulichen, warum Rassismus und Sexismus falsch sind. Anhand des Gleichheitsprinzips kann auch gezeigt werden, *daß sich unser Umgang mit Tieren auf derselben ethischen Ebene befindet wie Rassismus und Sexismus* – und deshalb ebensowenig zu rechtfertigen ist wie diese. In Anlehnung an Rassismus und Sexismus spricht man von *Speziezismus*, wenn die Vernachlässigung von Interessen damit begründet wird, daß die betreffenden Lebewesen einer anderen *Spezies*, also einer anderen biologischen Art, angehören.

Der menschliche Umgang mit Tieren entspricht weitgehend einem solchen Speziesismus. Der Rassist sagt: „Weil du eine andere Hautfarbe hast, zählen deine Interessen weniger." Der Sexist sagt: „Weil du zum anderen Geschlecht gehörst, zählen deine Interessen weniger." Und der Speziesist sagt: „Weil du zu einer anderen Art gehörst, zählen deine Interessen weniger." Wie bei Rassismus und Sexismus wird auch hier beim Speziesismus als Rechtfertigung für die moralische Benachteiligung eine Eigenschaft herangezogen, die in Wirklichkeit moralisch völlig bedeutungslos ist, eben die Zugehörigkeit zu einer bestimmten biologischen Art.

Der Verstoß gegen das Gleichheitsprinzip ist beim Speziesismus sogar noch eklatanter als bei Rassismus und Sexismus. Bei Rassismus und Sexismus werden nämlich in der Regel die *ähnliche Interessen* von Schwarzen bzw. von Frauen vernachlässigt. Beim Speziesismus, also bei unserem Umgang mit Tieren, haben wir es hingegen meist mit Praktiken zu tun, bei denen die *größeren Interessen* von Tieren vernachlässigt werden.

Nehmen wir als Beispiele zwei typische speziesistische Praktiken: das *Pelzetragen* und den *Stierkampf*. Hier stehen sich existentielle tierliche Interessen und vergleichsweise geradezu läppische und lächerliche menschliche Interessen gegenüber. Bei den betroffenen Tieren geht es schlicht um *alles*, während es bei den betroffenen Menschen lediglich um ihre *Eitelkeit* und ihren *„Spaß"* geht. Wir haben es beim Pelzetragen und beim Stierkampf mit Praktiken zu tun, *bei denen die größeren tierlichen Interessen den kleineren menschli-*

chen Interessen geopfert werden. Davon, daß hier menschliche und tierliche Interessen die *gleiche* Rolle spielen bzw. *gleich* berücksichtigt werden, kann also nicht im entferntesten die Rede sein. Vielmehr haben wir es beim Pelzetragen und beim Stierkampf ganz offensichtlich mit geradezu himmelschreienden Verstößen gegen das Gleichheitsprinzip zu tun.

Wir wollen uns nun noch einmal alle drei Verstöße gegen das Gleichheitsprinzip vergegenwärtigen – Rassismus, Sexismus und Speziesismus –, um deren gemeinsame Grundlage besser veranschaulichen zu können. Was also ist denn nun das eigentlich Falsche an Rassismus, Sexismus und Speziesismus? Was ist denn verkehrt an der Sklaverei, an der Unterdrückung von Frauen und an der Ausbeutung von Tieren? Falsch ist, daß hier ein *biologisches* Merkmal – Rasse, Geschlecht oder Artzugehörigkeit – herausgegriffen und zur Grundlage einer *moralischen* Diskriminierung gemacht wird: „Weil du eine schwarze Haut hast, dürfen wir dich als Sklaven halten"; „Weil du eine Frau bist, brauchst du kein Wahlrecht"; „Weil du zu einer anderen Art gehörst, können wir dich für trivialste Zwecke einsperren, quälen und umbringen."

Das Falsche, das Willkürliche, das Irrationale ist in allen drei Fällen das gleiche: Es wird eine *moralische* Bewertung vorgenommen aufgrund eines Merkmals, das moralisch völlig *bedeutungslos* ist. Hautfarbe, Geschlecht und Artzugehörigkeit sind gleichermaßen untaugliche Kriterien Für eine moralische Bewertung.

Diese Erkenntnis ist im übrigen gar nicht neu. Der berühmte englische Philosoph Jeremy Bentham hat bereits vor über 200 Jahren die prinzipielle Gleichartigkeit und Gleichwertigkeit von Rassismus und Speziesismus erkannt:

„Die Franzosen haben bereits entdeckt, daß die Schwärze der Haut [der Sklaven, H. F. K.] kein Grund dafür ist, jemanden schutzlos der Laune eines Peinigers auszuliefern. Es mag der Tag kommen, da man erkennt, daß die Zahl der Beine, der Haarwuchs oder das Ende des os sacrum gleichermaßen unzureichende Gründe sind, ein fühlendes Wesen demselben Schicksal zu überlassen ... Die Frage ist nicht: können sie *denken*? oder: können sie *sprechen*?, sondern: können sie *leiden*?“

Und der jüdische Nobelpreisträger Isaac Bashevis Singer schreibt zu Recht: „Wo es um Tiere geht, wird jeder zum Nazi... Für die Tiere ist jeden Tag Treblinka.“

Das Gleichheitsprinzip macht sichtbar, daß der Umgang des Menschen mit Tieren moralisch ebenso fragwürdig ist wie der Umgang des Rassisten und Sexisten mit Schwarzen bzw. mit Frauen. Und, unter welchem Gesichtspunkt man es auch immer betrachtet: Die Überwindung des Speziesismus, die Befreiung der Tiere, steht anderen Befreiungsbewegungen hinsichtlich Bedeutung und Stellenwert in nichts nach:

Wenn wir von der Zahl der Betroffenen ausgehen, so ist die Befreiung der Tiere wichtiger als jede vorangegangene Befreiungsbewegung: Keine Gruppe unterdrückter Menschen erreichte je auch nur annähernd die Zahl der

Tiere, die vom Menschen jährlich gequält und umgebracht werden.

Und wenn wir von dem Maße ausgehen, in welchem die Interessen der Betroffenen berührt werden, so ist die Überwindung des Speziesismus wiederum von außerordentlicher Wichtigkeit: Weder Frauen noch Schwarze noch irgendeine andere Gruppe von Menschen wurden oder werden in dem Maße routinemäßig in so fundamentaler Weise ihres Wohlbefindens beraubt, wie dies bei den Milliarden von Tieren der Fall ist, die jährlich systematisch gefoltert und buchstäblich am laufenden Band umgebracht werden.

Speziesismus befindet sich logisch und ethisch auf derselben Ebene wie Rassismus und Sexismus und ist deshalb ebensowenig zu rechtfertigen wie diese. Und, so wie wir in der Vergangenheit langsam, aber sicher eingesehen haben, daß Rassismus und Sexismus falsch sind, so besteht der nächste notwendige und konsequente Schritt darin, den Speziesismus als falsch und irrational zu erkennen und zu überwinden.

Vegetarismus

Speziesismus ist also jene menschliche Grundhaltung, die unser Verhalten gegenüber Tieren bestimmt. Diese Grundhaltung, die uns dazu führt, die Interessen von Tieren zu vernachlässigen und nicht wirklich ernst zu nehmen, manifestiert sich auf unterschiedlichste Weise. Zum Beispiel in der Pelztierzucht, im Stierkampf und in anderen „Spielen", in Tierversuchen, in Zoologischen Gärten – und: im *Fleischessen.*

Speziesistische Praktiken lassen sich, wie wir gesehen haben, dadurch charakterisieren, daß bei ihnen *größere tierliche Interessen kleineren menschlichen Interessen geopfert werden.* Genau dies ist auch bei der menschlichen Gewohnheit, Fleisch von Tieren zu essen, der Fall: Praktisch *alle* Interessen der betroffenen Tiere werden einem *einzigen* Interesse des Menschen geopfert, nämlich dem Interesse, ein bestimmtes Geschmackserlebnis zu haben. Hinzu kommt, daß hier die Interessen der Tiere meist *lebenslang* mit Füßen getreten werden (im übertragenen wie im buchstäblichen Sinne), während es sich bei dem angestrebten Geschmackserlebnis des Menschen um ein sehr kurzfristiges Phänomen handelt. Beim Fleischessen wird also ein kurzer menschlicher Gaumenkitzel mit lebenslangem tierlichem Leiden erkauft. Fleischessen ist daher nicht nur ein eindeutiger, sondern vor allem auch ein extremer Verstoß gegen das Gleichheitsprinzip.

Fleischessen ist, wie wir gesehen haben, eine speziesistische Praktik unter vielen. Dennoch aber ist unsere Gewohnheit, tote Tiere zu essen, nicht irgendeine Manifestation des Speziesismus, sondern in mehrfacher Hinsicht *die* speziesistische Praktik schlechthin.

Fleischessen ist die quantitativ bedeutendste speziezistische Praktik: Allein in den USA werden für die menschliche Ernährung *täglich* 14 Millionen Tiere geschlachtet. Das sind im Jahr 5 *Milliarden* Tiere. Zählt man Fische hinzu – und es gibt keinen vernünftigen Grund, dies nicht zu tun –, so ergibt sich eine Zahl von *mehreren Billionen* Tieren, die jährlich allein in den USA umgebracht werden. Damit ist das Töten von Tieren für menschliche Ernährungszwecke die zahlenmäßig schwerwiegendste Ausbeutung von Tieren durch den Menschen.

Fleischessen ist die biographisch früheste speziesistische Praktik: Mit dem Fleischessen beginnen wir in einem Alter, in dem wir *noch gar nicht begreifen*, daß das, was wir essen, tote Tiere sind. Anders wäre es auch überhaupt nicht möglich, Kinder zum Fleischessen zu bewegen: Kein Kind – es sei denn, es wäre ausgesprochen schwachsinnig oder ein ausgewachsenes Monster – wäre dazu zu bringen, die Leichen genau jener Wesen zu verspeisen, die zu lieben, liebkosen, streicheln und beschützen es andauernd (von Eltern, Geschichten und Bilderbüchern) ermuntert, ermahnt und gelehrt wird.

Fleischessen ist die psychologisch wichtigste speziezistische Praktik: In bezug auf das Fleischessen, das heißt in bezug auf die Frage, ob wir Fleisch essen wollen bzw. sollen oder nicht, haben wir nie eine eigene freie Entscheidung aufgrund richtiger und vollständiger Informationen getroffen. Vielmehr wurde diese Gewohnheit in uns verankert, *bevor* wir sie bewußt ablehnen oder akzeptieren konnten. Mit anderen Worten: Zum Fleischessen haben wir uns nicht entschieden, sondern zum Fleischessen wurden wir dressiert bzw. *konditioniert.*

Und Fleischessen konditioniert seinerseits zum Speziesismus. Fleischessen ist die psychologische Grundlage für *alle* speziesistischen Praktiken. Fleischessen ist das

Fundament für die speziesistische Grundhaltung. Denn: Wenn wir erst einmal innerlich akzeptiert haben, daß wir leidensfähige Lebewesen für so banale Zwecke wie unsere Geschmacksvorlieben quälen und umbringen, dann akzeptieren wir auch jede andere, noch so frivole Ausbeutung von Tieren.

Dürfen wir, was wir können?

Die Bedeutung des „Rechts des Stärkeren“ für die Mensch-Tier-Beziehung

Einer der häufigsten und auf den ersten – vielleicht auch auf den zweiten – Blick auch stärksten Einwände gegen einen ethisch begründeten Tierschutz im allgemeinen und gegen einen ethisch begründeten Vegetarismus im besonderen lautet: Weil Tiere sich gegenseitig fressen, dürfen wir auch Tiere essen; in der ganzen Natur herrscht das „Recht des Stärkeren“. Bemerkenswerterweise wird diese Argumentation auch von Tierschützern vorgetragen. So schrieb z. B. Harvey T. Rowe in einem Leitartikel der vom Deutschen Tierschutzbund herausgegebenen Zeitschrift „Du und das Tier“: „So brutal es klingen mag: Das Fressen und Gefressenwerden ist ein Grundgesetz der Natur, mit dem Zwang verknüpft, zu töten, um zu überleben.“ Ich möchte im folgenden zeigen, daß diese Argumentation in Wirklichkeit nicht stichhaltig ist.

Zunächst ist es eine interessante psychologische Tatsache, daß die gleichen Menschen, die ansonsten immer auf die Sonderstellung des Menschen verweisen – „Krone der Schöpfung“, „Gottesebenbildlichkeit“, „Menschenwürde“, „Vernunftbegabtheit“ usw. –, d. h. die *Unähnlichkeit* zwischen Mensch und Tier betonen, sich hier, wenn es um die Verteidigung ihrer Nahrungsvorlieben geht, auf einmal auf eine angebliche *Ähnlichkeit* zwischen Mensch und Tier berufen: Wir dürfen Tiere essen, weil wir „im Grunde“ auch Tiere sind, und Tiere fressen einander halt.

Aber ausgerechnet hier: in bezug auf das Fleischessen gibt es zwischen Mensch und Tier in Wirklichkeit ganz offensichtlich *keine* Ähnlichkeit: Tiere (genauer: die fleischfressenden Tiere) müssen Fleisch fressen, Menschen müssen nicht Fleisch essen. Der Mensch hat eine Wahlmöglichkeit, Tiere haben keine Wahlmöglichkeit. Peter Singer bringt es auf den Punkt, wenn er sagt: „Wir können der Verantwortlichkeit für unsere Wahl nicht ausweichen, indem wir die Handlungen von Wesen nachahmen, die unfähig sind, diese Art Wahl zu treffen.

Wir können nicht Tiere zu unseren moralischen Vorbildern machen, weil Tiere keine Moralfähigkeit haben. Wir können nicht Wesen zu Vorbildern in bezug auf ein Merkmal machen, die dieses Merkmal gar nicht aufweisen. Das wäre so, wie wenn wir einen Blinden zum Leiter einer Sehschule machen wollten. Deshalb hat Rainer Maria Rilke vollkommen recht, wenn er sagt: „Wenn der Mensch doch aufhörte, sich auf die Grausamkeit der Natur zu berufen, um seine eigene zu entschuldigen! Er vergißt, wie unendlich schuldlos auch noch das Fürchterlichste in der Natur geschieht." Konrad Lorenz trifft den Kern der Sache, wenn er feststellt: „Tiere können nichts, was sie nicht dürfen, aber der Mensch kann eine Menge Dinge tun, die er nicht darf." Der springende Punkt ist eben, um es noch einmal zu sagen: Menschen haben eine Entscheidungs- und Handlungsfreiheit, Tiere nicht. Menschen können moralisch handeln, Tiere nicht.

Genau an dieser Stelle kommt manchmal der Einwand: Auch bei Tieren gibt es moralanaloges Verhalten. Dieser

Einwand mag zunächst plausibel erscheinen, erweist sich aber bei näherer Betrachtung als irrelevant:

Zunächst sprechen wir bei Tieren zu Recht von moral*analogem* Verhalten und nicht von moralischem Verhalten, und es spricht meines Wissens wenig dafür, daß es sich hier um originär moralisches Verhalten (in dem Sinne, in dem wir beim Menschen von moralischem Verhalten sprechen) handeln könnte. Aber darum geht es gar nicht! Selbst wenn sich herausstellen sollte, daß es bei Tieren Ansätze zu echtem moralischem Verhalten gäbe, so spräche dies dennoch in keiner Weise dafür, daß *wir* Tiere essen dürften: Es gibt unter den Tieren Fleischfresser und Pflanzenfresser. Warum sollten wir uns ausgerechnet an den Fleischfressern orientieren? Ja, warum sollten wir uns eigentlich nicht die Kannibalen zum Vorbild nehmen? Hier handelt es sich eindeutig um Menschen, und wir bräuchten uns nicht mit Begriffen wie „moralisch" und „moralanalog" herumzuschlagen.

Spätestens hier wird deutlich, daß es überhaupt nicht darum geht, ob *Tiere vielleicht* moralisch handeln können, sondern darum, daß *wir sicherlich* moralisch handeln können, d. h. eine Wahlmöglichkeit und einen Handlungsspielraum haben. Diese Autonomie, diese Freiheit, uns zu entscheiden, besteht *unabhängig* von einem etwaigen moralischen oder moralanalogen Verhalten bei Tieren. Und niemand kann uns diese Autonomie und Freiheit nehmen oder abnehmen. *Wir* müssen uns entscheiden. Natürlich können wir uns auch für das „Recht des Stärkeren" entscheiden. Aber wir *müssen* es nicht. *Damit verliert aber das*

„Recht des Stärkeren" für den Menschen genau jene Verbindlichkeit, auf die man sich berufen wollte! Es wird zu *einer* Entscheidungsmöglichkeit unter vielen.

Aus der „Natürlichkeit" des „Rechts des Stärkeren" folgt nicht seine *psychologische Notwendigkeit.* Dies ist ebenso offensichtlich wie segensreich: Seit es Menschen gibt, haben sie sich entsprechend dem „Recht des Stärkeren" gegenseitig umgebracht und Kriege gegeneinander geführt. Wenn das „Recht des Stärkeren" für den Menschen psychologisch notwendig wäre, quasi naturgesetzlich gelten und wirken würde, so müßten wir konsequenterweise alle Bemühungen um Frieden, sei es nun der zwischenmenschliche und gesellschaftliche Frieden oder der zwischenstaatliche bzw. Weltfrieden, von vornherein als utopisch und unrealistisch ablehnen!

Auch folgt aus der „Natürlichkeit" des „Rechts des Stärkeren" keineswegs seine *moralische Richtigkeit*: Wenn wir „Natürlichkeit" als verbindlichen Maßstab für moralisch Richtiges akzeptieren würden, dann dürften wir uns nicht vor Naturkatastrophen schützen, dann dürften wir Krankheiten nicht bekämpfen, dann dürften wir Armen, Schwachen und Behinderten (zumindest wenn ihre Armut, Schwäche oder Behinderung „natürlich" entstanden ist) nicht helfen; wir dürften keine Schulen bauen, wir dürften keine Wissenschaft und keine Kunst betreiben - kurz: Wenn wir „Natürlichkeit" als moralische Richtschnur akzeptieren würden, dann dürften wir all das nicht tun, was den Menschen erst zum Menschen macht.

Abgesehen von der prinzipiellen Freiheit, uns für oder gegen das „Recht des Stärkeren“ zu entscheiden, muss aber gesehen werden, daß wir dieses Prinzip *de facto* weitgehend *nicht akzeptieren*, d. h. nicht für richtig halten. Im gesamten ethischen und rechtlichen Denken besteht, wie Gotthard M. Teutsch ganz richtig bemerkt, weitgehend Einvernehmen darüber, „daß Überlegenheit zwar Macht, aber niemals moralisch begründetes Recht verleiht“: Kein zivilisierter Mensch beruft sich in moralischen Fragen auf das „Recht des Stärkeren“; niemand rechtfertigt seine Handlungen damit, daß er sie ausführen *kann*. Wer dem Schwächeren seinen Willen aufzwingt, wird nicht als moralisch gerechtfertigt, sondern als Barbar angesehen. Einzig in unserem Umgang mit Tieren betrachten wir das „Recht des Stärkeren“ als angemessenes Handlungsprinzip.

Sich aber auf ein Prinzip zu berufen, das in den meisten Fällen *nicht* gilt, ist absurd. Ganz abgesehen davon, daß die Einschränkung der Gültigkeit des „Rechts des Stärkeren“ auf unseren Umgang mit Tieren absolut *willkürlich* ist: Weder in bezug auf Menschen noch in bezug auf Tiere *müssen* wir uns an das „Recht des Stärkeren“ halten. In bezug auf Menschen *wollen* wir uns nicht daran halten. Als Begründung dafür, daß wir uns im Umgang mit Tieren am „Recht des Stärkeren“ orientieren, bleibt nur noch: Es ist für uns *praktisch*, gegenüber Tieren gemäß dem „Recht des Stärkeren“ zu handeln. Das ist aber entweder überhaupt keine moralische Rechtfertigung oder aber eine Rechtfertigung aufgrund einer Moral, zu der sich wohl niemand bekennen möchte.

Haben Tiere eine Seele?

Die Frage, ob Tiere eine Seele haben, ist eine mehrdeutige Frage. Ihre Bedeutung hängt von dem Kontext, in dem sie gestellt wird, ab. Es kann sich um eine religiöse oder um eine psychologische Frage handeln:

- Haben Tiere eine (unsterbliche) *Seele*?
- Haben Tiere ein *Seelenleben*, d. h., haben Tiere bewußte, psychische Erlebnisse?

Zunächst war ich über diese Alternative nicht sehr glücklich, da mir beide Fragestellungen aus mehreren Gründen nicht besonders lohnend erschienen. Ich will nur zwei Gründe anführen:

- Daß Tiere eine oder keine *unsterbliche Seele* haben, läßt sich ebensowenig beweisen, wie es sich beweisen läßt, daß es Gott gibt oder nicht gibt.
- Daß auch Tiere ein *Seelenleben haben*, scheint eine ziemlich triviale Behauptung zu sein.

Schließlich schien mir die *zweite, psychologische* Fragestellung aber dennoch nicht so unwichtig zu sein. Zwar wird heute wohl kein Mensch mehr *explizit* die Position von Descartes vertreten, wonach Tiere empfindungslose Automaten sind. Aber *unterschwellig* und unausgesprochen spielt diese *Grund*einstellung nach wie vor eine bedeutende und unheilvolle Rolle.

Vor allem aber gibt es in bezug auf tierliches Seelenleben eine ähnliche Argumentationstendenz wie in bezug auf ökologische Probleme: So wie z. B. im Zusammenhang mit Ozonloch, Treibhauseffekt oder vermehrten Leukämieerkrankungen in der Nähe von Atomanlagen notwendige Maßnahmen dadurch verhindert werden, daß man sagt, die Ursachen seien noch nicht zweifelsfrei wissenschaftlich erwiesen, so werden auch notwendige Maßnahmen zum Schutz von Tieren immer wieder mit dem Argument verhindert, es sei wissenschaftlich noch nicht zweifelsfrei erwiesen, ob und wie Tiere unter bestimmten Bedingungen leiden.

Aus diesen Gründen scheint es mir daher doch wichtig zu sein, die Frage, ob (und in welchem Maße) Tiere ein Seelenleben haben, konkret und explizit zu behandeln. Wir wollen uns also im folgenden mit der Frage befassen: Haben Tiere bewußte, subjektive *psychische Erlebnisse*? Oder, kurz: Haben Tiere *Bewußtsein*?

Die Frage, ob Tiere Bewußtsein haben, ist im Grunde scheinheilig und überflüssig. Scheinheilig ist sie, weil ein Großteil dessen, was wir über die *menschliche* Psyche wissen, aufgrund der *tierlichen* Psyche erforscht wurde: Tierversuche bilden die substantielle Basis der Humanpsychologie. Angesichts dieser Tatsache und angesichts der weiteren Tatsache, daß die im Rahmen der Psychologie durchgeführten Tierversuche zu den allergrausamsten gehören, ist es ein nicht mehr zu überbietender Zynismus, tierliches Bewußtsein in Frage zu stellen. Überflüssig ist die Frage nach tierlichem Bewußtsein, weil jedem, der nicht völlig verrückt ist, ohnehin klar ist, daß auch Tiere psychische Erlebnisse haben:

„Die Tatsache, daß unsere Mitmenschen so etwas Ähnliches sind, und Ähnliches empfinden, wie wir selbst, ist *evident* in genau dem gleichen Sinne, wie mathematische Axiome es sind. Wir sind *nicht* imstande, *nicht* an sie zu glauben. Karl Bühler, der meines Wissens als erster auf diesen Tatbestand hingewiesen hat, sprach von 'Du-Evidenz'.

Mit derselben axiomatischen Sicherheit, mit der wir in unseren Mitmenschen das Vorhandensein einer Seele, das heißt der Fähigkeit zum subjektiven Erleben, voraussetzen, tun wir das auch bei höheren Tieren. Ein Mensch, der ein höheres Säugetier, etwa einen Hund oder einen Affen, wirklich genau kennt und *nicht* davon überzeugt wird, daß dieses Wesen ähnliches erlebt wie er selbst, ist psychisch abnorm und gehört in die psychiatrische Klinik, da eine Schwäche der Du-Evidenz ihn zu einem gemeingefährlichen Monstrum macht." (Lorenz, 1980, S. 251, 254)

Im Sinne der Selbstverständlichkeit tierlichen Bewußtseins äußerte sich schon David Hume (1739, zitiert nach Griffin, 1985, S. 11): „Keine Wahrheit erscheint mir offensichtlicher als die, daß Tiere ebenso mit Gedanken und Vernunft ausgestattet sind wie der Mensch." Auch für Robert Spaemann (1984, S. 71) ist für jedermann offenkundig, „daß wenigstens höherentwickelte Tiere sich in Lagen befinden können, die wir sinnvollerweise nur mit Worten wie Schmerz, Leiden, Lust und Sichwohlfühlen beschreiben können.“ Und Adolf Portmann (1987), für den es keinen Zweifel daran geben kann, daß Tiere ein reiches Seelenleben haben (S. 112, 116), stellt die Frage:

„Darf man wirklich im Ernst fragen, ob Tiere eine Seele haben – ist die Antwort nicht selbstverständlich – ist es nicht für jeden, der mit Tieren vertraut ist, selbstverständlich, daß diese Wesen beseelt sind, daß sie empfinden und erleben ähnlich wie wir, daß sie Stimmungen unterworfen sind wie wir, daß sie Zuneigung und Ablehnung unter sich wie im Umgang mit uns Menschen zeigen?“ (S. 108)

Auch für Charles Darwin (1966) [1874] kann es keinen Zweifel daran geben, daß es zwischen Menschen und höheren Säugetieren keinen fundamentalen Unterschied in bezug auf ihr Seelenleben gibt (Kap. 3): „Die Tatsache, daß die Tiere durch dieselben Gemütsbewegungen erregt werden wie wir, ist so sicher, daß es überflüssig ist, den Leser durch zu viele Einzelheiten zu ermüden“ (S. 84). Nachdem er u. a. Beispiele für Liebe, Eifersucht, Ehrgeiz, Stolz, Scham, Wut und sogar für Humor bei Tieren bringt (S. 86 f.), wendet sich Darwin den „mehr intellektuellen Gemütsbewegungen und Fähigkeiten“ zu und beschreibt u. a. Verwunderung, Neugierde, Nachahmung, Aufmerksamkeit, Gedächtnis und Verstand bei Tieren (S. 87-92).[1]

Ohne auf Einzelheiten eingehen zu wollen, soll auch auf die biologischen Grundlagen der psychologischen Ähnlichkeit zwischen Mensch und Tier hingewiesen werden (vergleiche hierzu auch Rollin, 1981, S. 41):

„Was uns eine objektive, nur auf körperliche Zusammenhänge zielende Forschung offenbart, steht durchaus im Einklang mit der Annahme, daß die Emotionalität, das subjektive Erleben höherer Säugetiere dem unseren sehr ähnlich, ja gleichwertig ist. Wir wissen vom Menschen mit Sicherheit, daß die emotionalen Vorgänge sich im wesentlichen im Hirnstamm und im limbischen System abspielen. Dieses aber ist bei höheren Säugern ebenso gut ausgebildet wie bei uns Menschen ...

Obwohl die hirnanatomischen Befunde bei Vögeln nicht unmittelbar mit denen an Säugetieren vergleichbar sind, wäre es doch sehr abwegig, nicht auch dem zweiten großen Stamm der Warmblüter, den Vögeln, ein intensives seelisches Erleben zuzuschreiben." (Lorenz. 1980, S. 254)

Schließlich sei daran erinnert, daß die psychische Ähnlichkeit zwischen Menschen und Tieren auch aus evolutionstheoretischen Überlegungen resultiert: Mensch und Tier sind Verwandte, die Unterschiede zwischen ihnen sind nicht prinzipieller, sondern gradueller Natur, so daß „die Gefühle und Anschauungen, die verschiedenen Affekte und Fähigkeiten ..., deren sich der Mensch rühmt, in ihren Anlagen und manchmal auch in einem ziemlich entwickelten Zustand in den Tieren vorhanden sind" (Darwin, 1966, S. 160 f.). (Vergleiche auch Portmann, 1987, insbes. S. 110 f., 116).

Im Zusammenhang mit der Evolutionstheorie noch eine persönliche Beobachtung: Gerade bei jenen Menschen, die am vehementesten eine unüberwindbare Kluft zwischen sich und den Tieren reklamieren, ist diese Kluft erfahrungsgemäß am kleinsten!

Schmerz

Schmerz ist wohl jenes psychische Phänomen, von dem es am *offenkundigsten* ist, daß es Menschen *und* Tiere erleben, und zwar aus mindestens zwei Gründen: Zum einen läßt das Verhalten von Tieren in Situationen, die beim Menschen Schmerz verursachen, keinen vernünftigen Zweifel darüber zu, daß auch sie Schmerz erleben. Zum anderen ist klar, daß Schmerz eine biologische Notwendigkeit zum Schutz vor Gefahren ist: „Kein höheres Lebewesen ohne Schmerz – aber ohne Schmerz auch kein höheres Leben: Der Schmerz ist es, der als 'Warner' uns schützt vor Gefahren für Leib und Leben" (Frey, 1978, S. 7). (Vergleiche hierzu auch Serjeant, 1970, S. 56-62.) Dabei ist wichtig festzustellen, daß Tiere den Schmerz keineswegs *schwächer* empfinden als Menschen, vielmehr gilt:

„*Alle bekannten Tatsachen stützen die Behauptung, daß die höheren Säugetiere den Schmerz mindestens so stark empfinden wie wir.* Es ist unsinnig zu sagen, daß sie ihn weniger empfinden, weil sie niedrigere Tiere sind. Man kann leicht zeigen, daß die Sinne der Tiere viel schärfer sind als unsere. Vögel sehen oft besser, fast alle freilebenden Tiere hören besser, andere haben ein empfindlicheres Tastgefühl als der Mensch. Die scharfe Wahrnehmung einer feindlichen Umwelt ist für die Tiere in höherem Grade lebenswichtiger als für den heutigen Menschen. Abgesehen von der komplizierten Hirnrinde, die den Schmerz nicht direkt wahrnimmt, sind die Nervensysteme der höheren Tiere mit dem unseren fast identisch.“ (Serjeant, 1970, S. 99 f., Hervorhebung von H. F. K.)

Neben den angesprochenen physiologischen Aspekten gibt es aber auch noch psychologische Gründe, die nahelegen, daß Tiere Schmerzen u. U. sogar *stärker* empfinden als Menschen. Bernard Rollin (1981, S. 33) weist auf die Möglichkeit hin, daß Tiere im Schmerz nur Schmerz empfinden, ohne die Möglichkeit, sich an eine Zeit ohne Schmerz zu erinnern, und ohne die Möglichkeit, ein Ende des Schmerzes zu antizipieren, so daß ihr ganzer geistiger Horizont von Schmerz ausgefüllt wird. Und Bernhard Grzimek (zitiert nach Teutsch, 1987, S. 264) schreibt in bezug auf Tiere: „Ihre Schmerzen sind viel fürchterlicher als die unseren, denn sie müssen sie blind und dumpf erleiden, sie wissen nicht, warum und wofür. Sie haben keinen Trost.“ Auch Robert Spaemann (1979, zitiert nach Teutsch, 1987, S. 264) hat sich hierzu geäußert:

„Die Vernunft hat zwar einerseits eine schmerzsteigernde Wirkung, weil sie vergangenen und künftigen Schmerz sozusagen akkumuliert. Andererseits aber gibt uns Vernunft auch die Fähigkeit der Schmerzdistanzierung und Schmerzbewältigung. Auf dem Weg in die Gaskammern Psalmen singen - das kann kein Tier. Es ist der dumpfen Angst sprachlos ausgeliefert, und seine Angst ist fast immer Todesangst.“

Ausführlich mit dieser Thematik befaßt hat sich auch Otfried Höffe (1984, S. 85 f., zitiert nach Teutsch, 1987, S. 264):

„Nun könnte man einwenden, das Unterscheidungsmerkmal des Menschen gegenüber dem Tier, die Reflexionsfähigkeit, ergäbe ein neues Verhältnis zum Schmerz, insbesondere ein höheres Maß an Schmerz. Daran ist richtig, daß sich das Verhältnis zu den Schmerzen verändert, falsch, daß die Schmerzen grundsätzlich größer werden. Die Reflexionsfähigkeit erlaubt es nämlich auch, ein baldiges Ende abzusehen oder – wie im Fall einer schmerzhaften Heilbehandlung – die Notwendigkeit zu erkennen, was den Schmerz leichter ertragen läßt. Darüber hinaus kann nur der Mensch die Sinnfrage sich stellen, deshalb zwar vor einem als sinnlos erscheinenden Leben verzweifeln, aber ebenso sein Leben 'annehmen' und kreativ verarbeiten. Mit einem Wort: so sehr die Reflexionsfähigkeit das Verhältnis zu den Schmerzen verändert, so wenig gibt sie ein Argument an die Hand, auf den Schmerz von subhumanen Wesen weniger Rücksicht zu nehmen als auf den von Menschen."

So evident und gesichert die Schmerzfähigkeit bei höheren Tieren ist, so wahrscheinlich ist andererseits auch, daß sie, je weiter wir die Evolutions-Stufenleiter hinabsteigen, abnimmt, um sich schließlich irgendwo in reflexhaften, mechanischen Reaktionen „aufzulösen". Auf das Problem der Grenzziehung, das viel mehr ein theoretisches als ein praktisches ist, wollen wir hier nicht eingehen, da wir uns damit später befassen wollen. Verwiesen sollte aber in diesem Zusammenhang darauf werden, daß es sehr ernstzunehmende Hinweise dafür gibt, daß auch Würmer und Insekten „noch" deutlich schmerzfähig sind (siehe Rollin, 1981, S. 31 f., Lockwood, 1988, und Griffin 1985, S. 179-195).

Leiden

Tiere erleben aber nicht nur physischen Schmerz, sondern auch *psychisches Leiden*: Trennungsschmerz, Heimweh, Trauer, Kummer, Verzweiflung, Hoffnungslosigkeit, Furcht, Zorn (Bilz, 1974, V, 28, Serjeant, 1970, S. 100). Daß Tiere auch seelisch leiden, ist nicht die persönliche Meinung oder Erfindung sentimentaler Tierfreunde, sondern unbestreitbare Realität. Der beste Beweis hierfür ist, daß dies auch von professionellen Tierschindern, denen es ausschließlich um die optimale Ausbeutung von „Nutztieren" geht, bestätigt und bekräftigt wird. So spricht etwa M. Cena (1978) in seinem Beitrag zu einem Sammelband über „Farm Animal Production" explizit von Depressionen, Neurosen, Psychosen, Nervosität und Stress bei Tieren.

Wie schon beim physischen Schmerz muß auch hier beim psychischen Leiden darauf hingewiesen werden, daß Tiere u. U. *mehr* leiden als Menschen in vergleichbaren Situationen. Wenn beispielsweise im Krieg Menschen gefangengenommen werden, so kann man ihnen erklären, daß sie zwar durchsucht und eingesperrt werden, daß ihnen aber im übrigen nichts passieren wird und sie später wieder freigelassen werden. Wenn wir aber andererseits ein wildes Tier einfangen, so können wir ihm nicht mitteilen, daß wir es nicht töten wollen. Es kann zwischen dem Versuch, es zu überwältigen, und dem Versuch, es zu töten, nicht unterscheiden, und somit bereitet ihm beides gleich viel Schrecken. (Singer, 1984, S. 76, und 1982, S. 36) Auch Robert Spaemann (1984, S. 78) hat sich hierzu geäußert: „Gerade, weil Tiere ihr Leiden nicht in die höhere Identität eines bewußten Lebenszusammenhangs integrieren und so 'bewältigen' können, sind sie dem Leiden ausgeliefert. Sie sind sozusagen im Schmerz nur Schmerz, vor allem, wenn sie nicht durch Flucht oder Aggression auf diesen reagieren können."

Intelligenz

Nach den bisherigen eher theoretischen Ausführungen in bezug auf Bewußtsein bei Tieren wollen wir uns nun einigen praktischen Beispielen tierlichen Verhaltens zuwenden. Dabei handelt es sich um solche tierlichen Verhaltensweisen, die das Vorhandensein von Bewußtsein bei Tieren zwar nicht im strengen Sinne beweisen – ein solcher Beweis ist nicht einmal in bezug auf das Vorhandensein von Bewußtsein bei unseren Mitmenschen möglich; wir kommen auf diese Thematik unten zurück –, aber doch (insbesondere im Zusammenhang mit den theoretischen Überlegungen) so plausibel und wahrscheinlich machen, daß ernstzunehmende Zweifel nicht mehr möglich sind.

Zunächst einige Beispiele bzw. Manifestationen von tierlicher Intelligenz. Darwin (1966, S. 84) berichtet von folgendem Ereignis:

„Am Kap der Guten Hoffnung hatte ein Offizier einen Pavian häufig geneckt. Als das Tier ihn nun eines Sonntags zur Parade ankommen sah, goß es Wasser in eine Vertiefung im Boden, bereitete schnell einen schmutzigen Schlamm und warf ihn zum Ergötzen vieler Zuschauer geschickt auf den vorübergehenden Offizier. Noch lange Zeit danach freute sich der Affe mit höhnischem Grinsen, wenn ihm sein Opfer wieder zu Gesicht kam."

Vitus Dröscher (1987 b) berichtet von folgender „Leistung":

„Einen richtigen Lausejungenstreich leistete sich ein kanadisches Biberkind. Allmorgendlich zur gleichen Zeit wurde es mitsamt seinen Eltern, Anverwandten und älteren Geschwistern von einer Farmersfrau gefüttert. Da der vierbeinige Lümmel den anderen immer die besten Leckerbissen wegschnappen wollte, erschien er stets als erster an der Futterstelle.

Eines Tages aber hatte er die Zeit verbummelt, und als er aus dem Wasser sprang, drängten sich schon alle erwachsenen und größeren Biber um den Trog. Da lief der Kleine zum Fluß zurück und klatschte mit dem breiten Ruderschwanz dreimal hastig auf das Wasser. Das ist in der Bibersprache das Alarmsignal für höchste Gefahr. Wie der Blitz waren alle anderen Biber von der Bildfläche verschwunden, und der Frechdachs hatte das Futter für sich allein. (...)

Überlegen wir einmal, was zu dieser 'Leistung' des kleinen Bibers alles gehört: Einmal mußte er das Alarm- und Schrecksignal geben, ohne tatsächlich einen Schreck vor einem Raubtier bekommen zu haben. Er mußte sich also aus den Fesseln reinen Instinktverhaltens befreien und sein Handeln mit einer Absicht verbinden. Das gelang nur durch einen Akt der Selbstbetrachtung, der Reflexion: Er mußte wissen, wie seine Taten auf andere wirken, um sie hinters Licht zu führen." (S. 99 f.)

Über einen Rhesusaffen im New Yorker Bronx Zoo berichtet Dröscher:

„Eines Tages war der gewitzte Kerl vom großen Affenfelsen verschwunden, und es dauerte einige Tage, bis man ihn in einem Park gefunden und wieder eingefangen hatte. Die Umzäunung, der Wassergraben und überhaupt alles wurde überprüft. Nirgends war eine Fluchtmöglichkeit zu entdecken. Aber am nächsten Morgen war der Ausreißer wieder weg.

Erneut übte sich ein Polizeiaufgebot im Tierfang. Und dann legte sich ein Wärter auf die Lauer, um dem Affen auf die Schliche zu kommen. In früher Morgendämmerung sah er endlich, wie das Tier aus einem Versteck eine Banane holte. Diese milde Besuchergabe hatte er extra für seinen Ausbruchplan zurückbehalten. Er lief damit zu dem breiten Wassergraben, der an das Elchgehege grenzt, und schwenkte die Banane gut sichtbar hin und her - genauso wie ein Wissenschaftler, der mit einer hinterlistigen Futterbelohnung ein Versuchstier zu irgendeiner Tätigkeit bewegen will.

Tatsächlich schwamm einer der großen Elche zu dem Rhesusaffen heran. Schnell steckte ihm der ebenso schlaue wie wasserscheue Kerl die Banane ins Maul, als Fahrkarte sozusagen, sprang auf den breiten Rücken und ließ sich mit diesem 'Fährschiff' ins Nachbargehege übersetzen. Von hier aus war die Flucht dann nur noch ein Affenkinderspiel." (S. 100 f.)

Schließlich noch eine Geschichte, die Dröscher von Pavianen zu berichten weiß:

„Im Freigehege eines Zoos schwang sich das stärkste Männchen zum Sultan auf und verbot allen anderen Männchen intimen Umgang mit seinen 'Damen'. Ja, er duldete nicht einmal den kleinsten Flirt. Doch konnte der Gefürchtete nicht immer und überall aufpassen. Hielt er einmal irgendwo im Schatten eines Felsens ein Schläfchen, konnte es schon geschehen, daß die Damen fremdgingen, ja sie legten es geradezu darauf an. Eine Haremsdame, die von ihrem Sultan längere Zeit vernachlässigt worden war, fing bei solch günstiger Gelegenheit unter Zurschaustellen all ihrer Reize ganz unverhohlen an, einen Junggesellen kirre zu machen.

In just diesem Augenblick erschien der Sultan wieder, und nun geschah das Unglaubliche: Als sei sie von einem

Mörder bedroht, schrie die Seitenspringerin auf, riß sich los, gab dem eben noch Umworbenen eine Ohrfeige, floh laut jammernd in die Arme des verblüfften Sultans und 'beschwerte' sich bei ihm, indem sie mit wütenden Gurgellauten böse zu dem von ihr Verführten hinüberschaute und mit den Armen auf die Erde trommelte. Und sie erreichte ihr Ziel: Der Sultan, der bei unerlaubten Intimitäten für gewöhnlich nur das Weib bestrafte, glaubte diese abgefeimte Lüge. Erst vermöbelte er den schuldlosen Junggesellen ganz gehörig, und dann überhäufte er die 'Leidgeprüfte' mit Zärtlichkeiten." (S. 101 f.)[2]

Sozialleben

„Alle höheren Tiere zeigen Individualität im Verhalten, Auslese, Abneigung und Bevorzugung im Leben unter Artgenossen. Es entstehen bei Paaren, die sich zur Fortpflanzung zusammentun, ganz besonders innige Beziehungen, die über alle geschlechtliche Notwendigkeit hinaus erhalten bleiben, und ähnliche Verhältnisse kann man zwischen Tiereltern und ihren Kindern beobachten. Alle Tiergärtner wissen, wie sehr das Wohlergehen ihrer Pfleglinge von der Wirksamkeit solcher Beziehungen abhängt." (Portmann, 1987, S. 115)

Über die Mutter-Kind-Beziehung bei Delphinen berichtet John Robbins (1987, S. 39) folgendes: Wenn Delphinkinder in Thunfischnetze geraten, folgen ihre Mütter ihnen noch über endlose Strecken, um ihre Kinder noch soweit als möglich auf ihrem Weg in den Tod zu begleiten. Wenn Mütter und Kinder gemeinsam in die Thunfischnetze geraten, bleiben die Mütter so nah wie möglich bei ihren Kindern, um ihnen noch vorsingen zu können. Die Thunfischindustrie nimmt von diesen Dingen nur insofern Kenntnis, als sie feststellt, daß die Mehrheit der Delphine, die sie in ihren Netzen finden, weibliche Tiere und Junge sind. Auf diese Weise werden im Jahr übrigens 150 000 Delphine getötet (O'Barry, 1989, S. 18 f.).

Auch im sozialen Leben von Tieren finden wir Verhaltensweisen, bei denen es absurd wäre anzunehmen, daß sie *nicht* mit subjektivem Erleben verbunden sind. Grundlage des tierlichen Soziallebens ist, wie beim Menschen, die Fähigkeit, Liebe zu geben, das Bedürfnis, Liebe zu empfangen, und das Leiden, das aus der Deprivation von Liebesbeziehungen resultiert. (Vergleiche Robbins, 1987, S. 37- 39)

Der eindrucksvollste Beleg für tierliches Sozialleben, das sich auf der Ebene subjektiven Erlebens abspielt, sind zweifellos die emotionalen Beziehungen zwischen Müttern und ihren Kindern. Die Störung oder Verhinderung dieser Beziehungen führt, wie beim Menschen, zu schwersten, u. U. lebenslangen psychischen Schäden, bis hin zum buchstäblichen Wahnsinn. Über diese Zusammenhänge kann es keinerlei Zweifel geben, da sie über Jahrzehnte hinweg intensiv wissenschaftlich untersucht wurden. Die grauenhaften Versuche an Affen, die der amerikanische Psychologe Harry Harlow durchgeführt hat, sind nur die bekanntesten im Rahmen eines Forschungsgebietes, in dem Tieren systematisch und absichtlich schwerstes seelisches Leiden zugefügt wird, um daraus neue wissenschaftliche Erkenntnisse in bezug auf Menschen zu gewinnen. So beschreiben Harlow und sein Kollege Stephen Suomi,

„wie sie die 'faszinierende Idee' hatten, Depressionen zu erzeugen, indem sie 'Affenbabies gestatteten, sich an Surrogatmütter aus Stoff zu binden, die sich in Ungeheuer verwandeln konnten':

'Das erste dieser Ungeheuer war eine Affenmutter aus Stoff, die nach einem Stundenplan oder auf Verlangen mit Hochdruck komprimierte Luft ausstieß. Dem Tier wurde praktisch die Haut vom Körper geblasen. Und was tat das Affenbaby? Es klammerte sich immer inniger an die Mutter, weil ein erschrockenes Baby sich um jeden Preis an seine Mutter klammert. Wir erreichten keinerlei Psychopathologie. Wir gaben jedoch nicht auf. Wir bauten eine andere Ersatzmutter, ein Ungeheuer, das so heftig schaukelte, daß Kopf und Zähne des Babys klapperten. Alles, was das Baby tat, war ein immer festeres Anklammern an die Ersatzmutter. Das dritte Ungeheuer, das wir bauten, hatte einen eingebauten Drahtrahmen im Körper, der heraussprang und den Säugling von der Bauchoberfläche der Ersatzmutter herunterwarf. Das Baby stand vom Boden auf, wartete, bis der Drahtrahmen wieder in dem Stoffkörper verschwunden war, und hängte sich dann wieder an die Ersatzmutter. Schließlich bauten wir unsere Stachelschwein-Mutter. Auf Kommando traten ihr aus der Bauchoberfläche scharfe Messingstacheln. Obwohl die Babies unter dieser stacheligen Zurückweisung litten, warteten sie einfach, bis die Stacheln wieder verschwanden, und kamen dann zurück und klammerten sich an die Mutter.‘

Diese Ergebnisse, so bemerken die Experimentatoren, sind nicht überraschend gewesen, da die einzige Zuflucht eines verletzten Kindes darin besteht, sich an seine Mutter zu klammern.

Schließlich gaben Harlow und Suomi die künstlichen Ungeheuer-Mütter auf, weil sie etwas Besseres fanden: eine echte Affenmutter, die ein Ungeheuer war. Um solche Mütter zu produzieren, zogen sie weibliche Affen isoliert auf und versuchten dann, sie zu schwängern. Leider hatten die Weibchen keine normalen sexuellen Beziehungen zu männlichen Affen und mußten daher mittels einer Technik geschwängert werden, die Harlow und Suomi als ‘Vergewaltigungsbank‘ bezeichneten. Als die Babies geboren waren, beobachteten die Forscher die Affen. Sie stellten fest, daß einige die Säuglinge einfach ignorierten und die schreienden Babies nicht an die Brust nahmen, wie es normale Äffinnen tun, wenn sie ihr Baby schreien hören. Das andere Verhaltensmuster war unterschiedlich:

‘Die anderen Äffinnen waren brutal oder mörderisch. Einer ihrer Lieblingstricks bestand darin, den Schädel ihres Säuglings mit den Zähnen zu zerbeißen. Das Verhaltensmuster aber, das wirklich Übelkeit erzeugte, bestand darin, den Säugling mit dem Gesicht auf den Boden zu schmettern und ihn dann hin und her zu reiben.‘“ (Engineering and Science, 33, 6 [April 1970], S. 8, zitiert nach Singer, 1982, S. 59 f.)

Moralanaloges Verhalten

Ein weiterer Beleg für tierliches Bewußtsein, der aufs engste mit dem Sozialleben zusammenhängt bzw. sich mit diesem überschneidet, ist das sogenannte moralanaloge Verhalten. Die folgenden Beispiele sprechen m. E. für sich. Zunächst drei Berichte von Dröscher (1987 a):

„Im Seengebiet der Kleinen Antillen hatte sich ein Delphin-Jüngling weit außerhalb der Sichtweite von seinem Trupp entfernt, als er plötzlich von drei Haien angegriffen wurde. Sofort stieß er eine Serie schriller Pfiffe aus: SOS-Signale in der Delphin-Sprache. Die kurzen Doppeltöne klingen wie eine überdrehte Alarmsirene: Der erste Teil steigt in der Tonhöhe scharf an, der zweite fällt ebenso schroff wieder ab.

Die Wirkung war verblüffend. Der etwa zwanzigköpfige Delphintrupp, der mit Pfeif-, Quietsch-, Grunz-, Gurgel-, Brumm- und Piepslauten ein lebhaftes Palaver führte, stellte seine ‘Unterhaltung‘ sofort ein. Wie bei Notrufen im Schiffsverkehr herrschte absolute ‘Funkstille‘. Dann schossen die Tiere mit ihrer Höchstgeschwindigkeit von 60 km / h zum Ort des Überfalls. Die Delphin-Männer rammten mit unvermindertem Tempo die Haie. Immer wieder fuhren sie krachend in ihre Seiten, bis die Haie zerquetscht und mit gebrochenem Knorpelskelett tot in die Tiefe der Karibischen See sanken.

Während des Kampfes bemühten sich die Weibchen um den schwerverletzten Jung-Delphin, der nicht mehr aus eigener Kraft auftauchen konnte. Zwei nahmen ihn in die Mitte, schoben sich unter seine Seitenflossen und hielten ihn so hoch, daß das Blasloch am Kopf aus dem Wasser ragte und der Verletzte wieder atmen konnte. Unter wechselseitigen Pfeifsignalen wurde das Hilfsmanöver exakt durchgeführt. Von Zeit zu Zeit lösten sich die Krankenträger ab. Einmal wurde beobachtet, wie diese Hilfeleistungen zwei volle Wochen lang Tag und Nacht unermüdlich fortgesetzt wurden, bis der Verletzte wieder gesund und bei eigenen Kräften war.“ (S. 95 f.)

„Von einem Schießtouristen wurde ein Schimpanse schwer verwundet und stürzte zu Boden. Als er daraufhin einen schrillen Hilferuf ausstieß, umringten ihn die anderen Truppmitglieder, richteten ihn auf, stützten ihn mit ‘unglaublich menschlichen Gebärden‘ und forderten ihn mit sanften Lauten zum Gehen auf. Währenddessen hatte sich ein starker Affe laut kreischend zwischen den Krankentransport und die Jäger geworfen. Erst als er durch wiederholte Rufe seiner Gefährten hörte, daß sie im dichten Gehölz Schutz gefunden hatten, brachte er sich selber in Sicherheit.“ (S. 96)

„Besonders erstaunlich ist, daß Schimpansen ihre Hilfsbereitschaft nicht nur ihresgleichen beweisen. Als der holländische Forscher in dem Urwaldpfad ein Hühnerküken anleinte, befreiten die robusten Schimpansen auch dieses piepsende, zierliche Etwas von der Fessel, und zwar ohne das zarte Beinchen des kleinen Federflauschs zu verletzen.“ (S. 97)

James Rachels (1976, S. 215 ff.) berichtet von einem teuflischen Experiment, das in den USA mit Rhesusaffen durchgeführt wurde. Auf die Einzelheiten der Versuchsanordnung soll hier nicht eingegangen werden. Es genügt, die Grundkonzeption des Experiments sowie dessen Ergebnis kurz darzustellen. Jeweils zwei Tiere wurden in eine Versuchsvorrichtung gegeben, die in der Mitte durch eine Glaswand abgetrennt war. Auf der einen Seite hatte das sich dort befindliche Tier die Möglichkeit, durch Betätigung eines Hebels Nahrung zu erhalten. Der Boden des Abteils auf der anderen Seite, wo sich das zweite Tier befand, konnte unter Strom gesetzt werden, so daß diesem Tier ein starker, sehr schmerzhafter Elektroschock versetzt werden konnte. Nun wurde die Versuchsvorrichtung so eingestellt, daß jedes Mal, wenn das erste Tier den futterspendenden Hebel betätigte, dem zweiten Tier ein starker Elektroschock versetzt wurde. Auf diese Weise konnte festgestellt werden, ob und in welchem Maße das erste Tier auf Nahrung verzichten würde, um seinem Artgenossen den schmerzhaften Elektroschock zu ersparen. Es zeigte sich, daß eine deutliche Mehrheit der Versuchstiere, die in das Abteil mit dem futterspendenden Hebel gegeben wurden, es vorzog, tagelang ohne jede Nahrung zu sein, anstatt dem sich auf der anderen Seite befindlichen Tier einen Elektroschock zu versetzen.

E. Gavin Reeve (1978, S. 562) berichtet vom Mischlingshund Blackie, der vergeblich versucht hatte, Ian, einen vier Monate alten Säugling, aus einem brennenden Haus zu retten. Beide kamen in den Flammen um.

Zwar hatte niemand den tapferen Rettungsversuch des Hundes direkt beobachtet, aber dieser hatte sichere Spuren hinterlassen: leichte Abdrücke seiner Zähne an den Schultern des Babys, die vom Versuch zeugten, ihn vom Feuer wegzuziehen.

Das Feuer war in der Küche ausgebrochen. Während die Mutter zu ihren beiden anderen Kindern eilte, rannte Blackie ins Schlafzimmer Ians. Die Mutter hörte einen Bums, der wahrscheinlich der Aufprall des Kindes war, als dieses vom Hund aus seinem Bett auf den Boden gezogen wurde.

Das tote Kind wurde nur wenige Zentimeter von Blackies ausgestreckten Pfoten entfernt gefunden.

Der Hund war der Familie erst vor einem Jahr zugelaufen. Seit der Geburt Ians hätte er meist neben dem Kinderbett gesessen.

Drei Einwände

Nachdem nun wohl für jedermann klar ist, daß Tiere keine bewußtlosen Automaten, sondern fühlende Lebewesen mit bewußten psychischen Erlebnissen sind, möchte ich abschließend noch auf drei Einwände eingehen, die häufig in diesem Zusammenhang vorgebracht werden:

„Es gibt keine klare Grenze zwischen bewußten und nichtbewußten Lebewesen." Dieser Einwand ist ebenso zutreffend wie belanglos. Solche Fragen der Grenzziehung treten *überall* im Leben auf, *ohne* daß wir dadurch in unseren Entscheidungen ernsthaft verunsichert würden. Auch zwi-

schen Warm und Kalt, Arm und Reich, Recht und Unrecht gibt es keine klare, eindeutige Grenze. Dennoch bereitet uns der Umgang mit diesen Begriffen in der Regel keine größeren Schwierigkeiten, die mit der Unmöglichkeit einer eindeutigen Grenzziehung zusammenhängen. Wir wissen, was gemeint ist, wenn von warmen Speisen, reichen Menschen oder unrechten Handlungen die Rede ist.

Und so ist es auch bei der Frage, welche Lebewesen psychische Erlebnisse haben: Kein vernünftiger Mensch wird heute ernsthaft behaupten wollen, daß Hunde, Katzen, Affen, Schweine, Rinder und Hühner (und alle anderen Tiere, um die es im Zusammenhang mit den bekannten Tierschutzfragen geht) *nicht* leiden, wenn wir sie vergiften, vergasen, verbrennen oder lebenslang einsperren und brutal umbringen. Und: Das Entscheidende im Zusammenhang mit unserer Fragestellung ist nicht, daß *unsicher* ist, wo die Grenze zwischen bewußten und nichtbewußten Lebewesen genau verläuft, sondern daß *sicher* ist, daß sie *nicht* zwischen Mensch und Tier verläuft!

„*Wir haben keinen Zugang zum tierlichen Bewußtsein, weil Tiere nicht sprechen können.*" Selbstverständlich hat die Sprache im menschlichen Leben eine enorme Bedeutung. Und es wäre absurd, die herausragende Rolle der Sprache für die gesamte menschliche Entwicklung und Kultur in irgendeiner Weise in Frage zu stellen. Aber: In der konkreten *zwischenmenschlichen Kommunikation* ist die Wortsprache weder das einzige noch das stets beste Verständigungsmittel. Und deshalb ist auch das Fehlen der Möglichkeit, mit Tieren zu sprechen, kein grundsätzliches Hindernis für den

Zugang zu tierlichem Erleben. Bernard Rollin (1983, S. 111, und 1981, S. 36 f., 55, 57) weist in diesem Zusammenhang auf folgende Fakten hin:

In gewissem Sinne ist das tierliche Seelenleben sogar *leichter* zugänglich als das anderer Menschen, weil es einfacher strukturiert ist. Während menschliche Bedürfnisse sozial, kulturell und historisch determiniert und deshalb entsprechend variabel und vielgestaltig sind, sind tierliche Bedürfnisse viel einfacher und stabiler. Aufgrund der einfacheren Struktur der tierlichen Psyche gibt es darüber hinaus auch viel weniger Quellen und Möglichkeiten der Täuschung. Das nonverbale tierliche Verhalten ist oft ein zuverlässigerer Indikator für Erlebnisse und Bedürfnisse, als es die menschliche Sprache ist: Tiere lügen insgesamt und allgemein selten.

Auch ein wichtiger Teil der menschlichen Kommunikation findet auf *nonverbaler* Ebene statt. Alle Verliebten wissen, daß gerade in den kritischen und entscheidenden Augenblicken die sprachliche Kommunikation versagt und Gefühle und Stimmungen am besten durch einen Blick, eine Geste oder eine Berührung zum Ausdruck gebracht werden können. Und: Die früheste und wichtigste menschliche Kommunikation erfolgt lange *bevor* wir sprechen können: nämlich in der empathischen Mutter-Kind-Beziehung. Hier werden in einer komplexen und subtilen Weise Erlebnisse kommuniziert, ohne daß von seiten des Kindes auch nur ein einziges Wort benutzt werden kann. Diese frühe, perfekt funktionierende Mutter-Kind-Beziehung ist der beste und eindrucksvollste Beweis dafür, daß die kommunikative und kognitive Äquivalenz zweier Lebewesen *nicht* Voraussetzung für eine funktionierende Kommunikation zwischen ihnen ist.

„*Das Vorhandensein tierlichen Bewußtseins kann wissenschaftlich nicht bewiesen werden.*" Dieser Einwand ist korrekt. Aber: Er gilt nicht nur für tierliches Bewußtsein, sondern für *jedes* fremde Bewußtsein, d. h. auch für das Bewußtsein unserer Mitmenschen: Auch deren subjektives Erleben ist nicht objektivierbar oder beweisbar, weil unser Wissen über das Erleben anderer Menschen notwendigerweise immer auf *Analogieschlüssen* (die zwar zu sehr wahrscheinlichen, nie aber zu absolut sicheren Ergebnissen führen können) beruht: Weil unsere Mitmenschen uns offensichtlich ähnlich sind, weil sie in vergleichbaren Situationen ähnlich reagieren wie wir, schließen wir, durchaus vernünftig, daraus, daß sie auch Ähnliches erleben wie wir. Aber *letztlich* sind alle subjektiven Erlebnisse an das jeweilige Subjekt gebunden, und wir haben *keine Möglichkeit des direkten Zugangs* zu diesen Erlebnissen. Logisch betrachtet könnte es sich bei allen unseren Mitmenschen auch um Roboter handeln, die, in Wirklichkeit völlig geist-, gedanken- und bewußtlos, aufgrund eines komplizierten Computerprogramms und einer komplizierten Mechanik uns nur den *Anschein* vermitteln, Menschen mit bewußtem psychischem Erleben zu sein: „Rein logisch läßt sich der Solipsismus – die Ansicht, ich sei die einzige, bewußt denkende Kreatur im All – nicht widerlegen" (Griffin, 1985, S. 39).

Letzte Sicherheit haben wir weder in bezug auf tierliches Erleben noch in bezug auf fremdes menschliches Erleben.

In beiden Fällen sind wir auf Analogieschlüsse und Wahrscheinlichkeiten angewiesen. Zwischen den Problemen und Möglichkeiten, tierliches Erleben zu erfassen, und den Problemen und Möglichkeiten, menschliches Erleben zu erfassen, gibt es diesbezüglich keinen prinzipiellen Unterschied. Wir müssen in beiden Bereichen dieselben erkenntnistheoretischen und methodischen Maßstäbe anlegen und dürfen nicht in bezug auf das Erfassen von tierlichem Erleben eine logische und methodische Strenge fordern, die in bezug auf das Erfassen von menschlichem Erleben weder erreichbar ist noch erwartet wird (vergleiche auch Teutsch, 1987, S. 14, Sambraus, 1982, S. 24-27, Lorenz, 1980, S. 251, Griffin, 1985, S. 38 f.):

„Viele der Einwände gegen die Untersuchung von Gedanken und Gefühlen bei Tieren scheinen ... auf eine Art von 'Spezies-Solipsismus' zu beruhen. Es mag logisch unmöglich sein, die Behauptung, alle Tiere seien gedankenlose Roboter, zu widerlegen. Aber wir können diesem paralysierenden Dilemma entrinnen, indem wir uns auf dieselben Kriterien vernünftiger Plausibilität verlassen, die uns dazu führen, die Realität des Bewußtseins bei anderen Menschen anzuerkennen.“ (Griffin, 1985, S. 39)

Daß Tiere Bewußtsein haben, ist ebenso sicher, wie es sicher ist, daß andere Menschen Bewußtsein haben. Und ob Tiere eine unsterbliche Seele haben, ist ebenso ungewiß, wie es ungewiß ist, ob Menschen eine unsterbliche Seele haben. Die Frage, ob Tiere eine unsterbliche Seele haben, ist aber nicht nur faktisch ungewiß, sondern auch moralisch belanglos. Jedenfalls liefert die Annahme, daß Tiere *keine* unsterbliche Seele haben, keine vernünftige Begründung dafür, daß wir sie deshalb schlechter behandeln dürften (siehe Regan 1987, S. 69; vergleiche auch Rollin, 1981, S.6 f., sowie 1983, S. 107):

Wie lange ein Lebewesen lebt, ist für die Frage, wie wir es behandeln, *während* es lebt, belanglos. Wenn ein Hund von einem Auto angefahren worden ist und wir seine Schmerzen lindern können, dann sollten wir dies tun. Es wäre grotesk zu sagen: „Wir brauchen ihm nicht zu helfen, weil er ohnehin nicht ewig leben wird." Nicht weniger grotesk ist es zu sagen, daß wir gegenüber Tieren keine moralischen Verpflichtungen haben, weil sie kein Leben nach dem Tod haben. Wenn aus diesem Umstand irgendetwas folgt, dann ist es genau das Gegenteil: Wenn Tiere nur dieses eine Leben haben, dann sollten wir alles tun, damit sie es hier möglichst gut haben. Mehr noch: Da Tiere keine Aussicht auf ein Leben nach dem Tode haben, haben sie auch keine Aussicht auf Wiedergutmachung von Unrecht, das wir ihnen hier zufügen. Deshalb sollten wir, so könnte man argumentieren, Tiere, weil sie keine unsterbliche Seele haben, sogar *besser* behandeln als Menschen, die auf eine ausgleichende Gerechtigkeit im Jenseits hoffen dürfen!

Kurz und zusammenfassend: Die Frage, ob Tiere eine Seele haben, ist absolut ungeeignet für jede Polemik gegen den moralischen Status von Tieren. Daß Tiere eine Seele im psychologischen Sinne haben, wissen wir, und ob sie eine Seele im religiösen Sinne haben, ist – bestenfalls – belanglos.

Anmerkungen

[1] Als wichtige und interessante Literaturquellen im Hinblick auf tierliches Bewußtsein möchte ich noch auf Griffin (1985) und Regan (1984) verweisen. Griffin liefert in Kapitel 1 eine Reihe von Belegen für tierliches Bewußtsein im allgemeinen und weist darüber hinaus (S. 179–195) auch noch darauf hin, daß vieles dafür spricht, daß sogar Insekten Bewusstsein haben. Bei Regan findet sich in den Kapiteln 1 und 2 eine ausführliche und fundierte Darstellung aus biologischer, philosophischer und wissenschaftshistorischer Sicht zum Thema tierliches Bewußtsein.

[2] Zahlreiche weitere Beispiele von Lügen und Hinterlist bei Affen finden sich in Blick Zurück (1988). Auf die spektakulären Versuche, Affen *menschliche* Sprachen, insbesondere die von Taubstummen benutzte Zeichensprache, beizubringen (vergleiche Jenkins, 1976), möchte ich hier nicht näher eingehen, da deren Ergebnisse in jüngster Zeit kontrovers beurteilt werden (vergleiche Affen: Lug und Trug ..., 1986) und man sich nun auf die Erforschung der *arteigenen* Kommunikation konzentriert (vergleiche ibid.). So interessant die Untersuchungen über Sprache bei Affen im besonderen – sei es nun eine menschliche oder eine arteigene Sprache - und bei Tieren im allgemeinen sind, so kommt ihnen in bezug auf das Thema tierliches Bewußtsein dennoch keine zentrale Bedeutung zu, da Sprache keineswegs die

Voraussetzung für bewußtes Erleben ist (vergleiche hierzu auch Regan, 1987, S. 73 f., Singer, 1984, S. 130-133, und Rollin, 1981, S. 24-27). Schließlich möchte ich noch auf zwei hochinteressante Quellen in bezug auf das Thema tierliche Intelligenz im allgemeinen verweisen: Regan, 1976, S. 5 f., hier wird ebenfalls die Rolle der Sprache thematisiert, und Robbins, 1987, S. 40-42.

Literatur

Affen: Lug und Trug nach Menschenart, Der Spiegel, 31, 1986.

Bilz, Rudolf: *Studien über Angst und Schmerz* (Paläoanthropologie Band 1 / 2). Frankfurt/M.: Suhrkamp, 1974.

Blick Zurück, Der Spiegel, 5, 1988.

Cena, M.: *Die Ethologie der Nutztiere in der tierärztlichen Diagnostik.* In: D. W. Fölsch (Hrsg.): The Ethology and Ethics of Farm Animal Production. Basel: Birkhäuser, 1978.

Darwin, Charles: *Die Abstammung des Menschen.* Stuttgart: Kröner, 1966 [²1874].

Dröscher, Vitus: *Berichte, die nachdenklich machen.* In: Gotthard M. Teutsch (Hrsg.): Da Tiere eine Seele haben ... Stuttgart: Kreuz, 1987 a.

Dröscher, Vitus: *Lügen haben vier Beine.* In: Gotthard M. Teutsch (Hrsg.): Da Tiere eine Seele haben ... Stuttgart: Kreuz 1987 b.

Frey, Rudolf: Geleitwort zu: Ronald Melzack: Das Rätsel des Schmerzes. Stuttgart: Hippokrates, 1978.

Griffin, Donald R.: *Wie Tiere denken: ein Vorstoß ins Bewußtsein der Tiere.* München: BLVVerlagsgesellschaft, 1985.

Höffe, Otfried: *Ethische Grenzen der Tierversuche.* In: Ursula M. Händel (Hrsg.): Tierschutz: Testfall unserer Menschlichkeit. Frankfurt/M.: Fischer, 1984.

Hume, David: *A Treatise of Human Nature.* London: Oxford University Press, 1988 [1739].

Jenkins, Peter: *Teaching Chimpanzees to Communicate.* In: Tom Regan, Peter Singer (Hrsg.): Animal Rights and Human Obligations. Englewood Cliffs. N. J.: Prentice-Hall, 1976.

Lockwood, Jeffrey A.: *Not to Harm a Fly: Our Ethical Obligations to lnsects,* Between the Species, 4, 3, 1988.

Lorenz, Konrad: *Tiere sind Gefühlsmenschen*, Der Spiegel, 47, 1980.

O'Barry, Richard: *Dolphins in Captivity: Wasted Lives, Wasted Minds,* Animals' Agenda, March 1989.

Portmann, Adolf: *Haben Tiere eine Seele?* In: Gotthard M. Teutsch (Hrsg.): Da Tiere eine Seele haben ... Stuttgart: Kreuz, 1987.

Rachels, James: *Do Animals Have a Right to Liberty?* In: Tom Regan, Peter Singer (Hrsg.): Animal Rights and Human Obligations. Englewood Cliffs, N. J.: Prentice-Hall, 1976.

Reeve, E. Gavin: *Speciesism and Equality*, Philosophy, 53, 1978.

Regan, Tom: *But for the Sake of Some Little Mouthful of Flesh.* In: Tom Regan: The Struggle for Animal Rights.

Clarks Summit: International Society for Animal Rights, 1987.
Regan, Tom: *The Case for Animal Rights.* London: Routledge & Kegan Paul, 1984.
Regan, Tom: Introduction zu: Tom Regan, Peter Singer (Hrsg.): Animal Rights and Human Obligations. Englewood Cliffs, N. J.: Prentice-Hall, 1976.
Robbins, John: *Diet for a New America.* Walpole: Stillpoint Publishing, 1987.
Rollin, Bernard E.: *Animal Rights and Human Morality.* Buffalo: Prometheus Books, 1981.
Rollin, Bernard E.: *The Legal and Moral Bases of Animal Rights.* In: Harlan B. Miller, William H. Williams (Hrsg.): Ethics and Animals. Clifton, N. J.: Humana Press, 1983.
Sambraus, H. H.: *Ethologische Grundlagen einer tiergerechten Nutztierhaltung.* In: D. W. Fölsch, A. Nabholz (Hrsg.): Ethologische Aussagen zur artgerechten Nutztierhaltung. Basel: Birkhäuser, 1982.
Serjeant, Richard: *Der Schmerz – Warnsystem des Körpers.* Bergisch Gladbach: Lübbe. 1970.
Singer, Peter: *Befreiung der Tiere.* München: Hirthammer, 1982.
Singer, Peter: *Praktische Ethik.* Stuttgart: Reclam, 1984.
Spaemann, Robert: *Bestialische Quälereien Tag für Tag,* Deutsche Zeitung, 33, 1979.
Spaemann, Robert: *Tierschutz und Menschenwürde.* In: Ursula M. Händel (Hrsg.): Tierschutz: Testfall unserer Menschlichkeit. Frankfurt/M.: Fischer, 1984.
Teutsch, Gotthard M.: *Mensch und Tier: Lexikon der Tier-*

schutzethik. Göttingen: Vandenhoeck & Ruprecht, 1987.

Sollen Tierschützer „sachlich“ sein?

Tierschützern wird oft der Vorwurf gemacht, in ihrer Sprache zu emotional und zuwenig sachlich zu sein. Insbesondere wird dieser Vorwurf erhoben im Zusammenhang mit der Beschreibung der Vorgänge, die Voraussetzung für den menschlichen Konsum von tierlichem Fleisch sind: Aufzucht, Transport und Schlachtung jener Tiere, deren Leichen für den menschlichen „Genuß“ bestimmt sind. Kritisiert wird zum Beispiel, wenn hier Folter als Folter bezeichnet wird, Mord als Mord angesprochen wird und Mörder als Mörder tituliert werden. Mitunter wird auch zu bedenken gegeben, daß Tierschützer sich und ihrem Anliegen durch eine allzu „drastische“ Sprache einen Bärendienst erweisen, da die Menschen dadurch nur abgeschreckt und abgestoßen würden. Ich möchte zu diesen grundsätzlichen Vorwürfen einmal grundsätzlich Stellung nehmen:

1. Zunächst weigere ich mich, diese Kritik wirklich ernst zu nehmen. Denn: Dies zu tun hieße, die Fakten zu verharmlosen und vom Wesentlichen abzulenken. Wo es um den institutionalisierten, systematischen, grausamen und sinnlosen täglichen Massenmord geht, da können Höflichkeit, Stilfragen und Klugheitsüberlegungen legitimerweise bestenfalls eine sekundäre Rolle spielen. Alles andere ist eine unerträgliche Verzerrung der Realität.

2. Angesichts des ungeheuren Leidens, um dessen Beschreibung es hier auch geht, entbehrt es nicht des Zynismus, sich in diesem Zusammenhang in ästhetisierenden

Stilfragen zu ergehen. Wo lebenslanges Leiden und grausames Sterben dokumentiert werden, verbietet sich eine ernstgemeinte Diskussion von Formfragen eigentlich von selbst.

3. Aber auch von der Sache her ist diese Debatte um die Wortwahl reichlich unangebracht, denn: Was ist denn nun eigentlich der Skandal: die grausamen Fakten und das damit verbundene Leid der Opfer oder die „drastische“ *Schilderung* dieser Fakten mittels einer anschaulichen Sprache? Wer ist denn nun gegebenenfalls der moralisch zu Verurteilende: derjenige, der unschuldige Lebewesen barbarisch zu Tode quält – und seine Auftraggeber! –, oder derjenige, der dies beschreibt? Oder ist das wirklich Anstoß Erregende vielleicht gar nicht, daß täglich Millionen von Tieren für trivialste Zwecke hingeschlachtet werden, sondern daß der „mündige Bürger“ durch die Schilderung dessen aus seinem wohligen Konsum-Delirium aufgeschreckt wird?

4. Und das vielleicht Wichtigste und Naheliegendste, das meist völlig übersehen wird: Grausame und grauenhafte Fakten lassen sich nun einmal nur durch ihnen entsprechende Worte angemessen und realistisch beschreiben. Das Abschlachten am laufenden Band ist nun einmal keine harmlose oder lustige Angelegenheit. Für die Schilderung dessen, was im Schlachthaus vorgeht, bedarf es *notwendigerweise* anderer Worte als für die Beschreibung eines Kindergeburtstages. Wer angesichts dessen, was täglich mit Tieren geschieht, eine neutrale Sprache fordert, der hat entweder keine Ahnung von der Realität oder aber ein Harmoniebedürfnis, das man nur noch als abwegig und pathologisch bezeichnen kann.

5. Schließlich und unabhängig davon, welche *Worte* nun letztlich gegenstandsadäquat sind oder nicht: Wer sagt denn eigentlich, daß *wir*, als Menschen, angesichts fremden Leides emotionslos, sachlich und neutral bleiben sollten? Wer sagt denn eigentlich, daß wir angesichts offenkundigen Unrechts nicht Stellung nehmen sollten, das heißt ausdrücken sollten, was wir denken und was wir fühlen? Wer hat denn nun eigentlich ein gestörtes Verhältnis zur Emotionalität: derjenige, der angesichts des Grauens Emotionen hat und zeigt, oder derjenige, der auch beim größten Verbrechen „sachlich" wie ein Roboter bleibt? Worin besteht denn eigentlich das Menschsein, wenn nicht darin, daß man mit unschuldigen Opfern Mitleid hat und dies auch zeigt? Und: Wo bleibt die Konsequenz derer, die angesichts tierlichen Leidens „Objektivität" *fordern*, diese aber angesichts menschlichen Leidens als „menschenverachtenden Zynismus" *verurteilen*?

Empathie und Moral oder Solidarität mit den Leidensfähigen

Empathie als Grundlage für unser Sein

„Es ist menschliche Empathie, die Art, wie wir den anderen spiegeln und bestätigen und wie der andere uns bestätigt und spiegelt, die eine Enklave von menschlichem Sinn – von Haß und Liebe, Sieg und Niederlage – innerhalb eines Universums sinnloser Räume und blind rasender Sterne erhält." (Kohut, 1975, S. 24)

Empathie, also Einfühlung, das Sichhineinversetzen in das Erleben eines anderen, um ihn – und auch sich selbst – zu verstehen, die Tatsache, *daß wir einander spiegeln und bestätigen*, wie Kohut es so treffend ausdrückt, ist eine notwendige Bedingung für unser Dasein. Empathie ist Voraussetzung für unsere physische, psychische, soziale und kulturelle Existenz.

Ohne die symbiotische Beziehung zwischen Mutter und Kind – in der Psychologie spricht man von der *Mutter-Kind-Dyade* (vergleiche z. B. Caruso, 1976) – in der ersten Lebenszeit des Kindes nach der Geburt könnte das Kind weder physisch noch psychisch überleben: „Vom Anbeginn des Lebens ist es die Empathie, das psychologische Erfaßtwerden durch eine verstehende menschliche Umwelt, die das Kind vor dem Eindringen der anorganischen Welt, d. h. vor dem Tode, schützt" (Kohut, 1975, S. 24). Diese Symbiose zwischen Mutter und Kind ist das klassische Beispiel für Empathie, ja die Voraussetzung und das Vorbild für alle späteren empathischen Beziehungen des Menschen.

Empathie ist aber nicht nur, wie wir eben gesehen haben, in genetischer Weise eine Voraussetzung für unsere Existenz. Empathie ist auch in „struktureller" Hinsicht Grundlage für unser Dasein, für unser Dasein als bewußt lebende, miteinander kommunizierende und psychische Erlebnisse habende Wesen: Ohne die Fähigkeit, uns in die Situation unserer Mitmenschen hineinzuversetzen, uns mit ihnen (partiell) zu identifizieren, um zu verstehen, was sie fühlen und was sie wollen, wäre jede zwischenmenschliche und soziale Beziehung unmöglich.

Schließlich wären alle kulturellen Leistungen ohne die Fähigkeit, den anderen psychisch zu erfassen, und ohne die Möglichkeit und das Bewußtsein, vom anderen psychisch erfasst werden zu können, undenkbar. Welche Bedeutung der Empathie, dem Einanderspiegeln, für unser Dasein zukommt, lässt sich wohl am eindrucksvollsten anhand ihrer dichterischen Beschreibung illustrieren:

Laura, über diese Welt zu flüchten
Wähn ich – mich in Himmelmaienglanz zu lichten
Wenn dein Blick in meine Blicke flimmt,
Ätherlüfte träum ich einzusaugen,
Wenn mein Bild in deiner sanften Augen
Himmelblauem Spiegel schwimmt.
(Aus Schillers „Die seligen Augenblicke / Die Entzückung",
Schiller, o. J., S. 342)

Ewig starr an deinem Mund zu hangen,
Wer enträtselt dieses Wutverlangen?
Wer die Wollust, deinen Hauch zu trinken,
In dein Wesen, wenn sich Blicke winken,
Sterbend zu versinken?
(Aus Schillers „Das Geheimnis der Reminiszenz – An Laura“, ibid., S. 354)

Empathie als Grundlage für unser Sollen

Ich gehe davon aus, daß es im Menschen eine *Disposition*, eine *Bereitschaft* (die von der Umwelt gefördert oder unterdrückt werden kann) zu *moralischem Handeln* in dem Sinne gibt, daß wir unser Handeln nicht (nur) am Eigeninteresse, d. h. an dem, was *für uns* gut ist, orientieren, sondern (auch) an dem, was wir für gut im Sinne von *richtig* erachten, was wir glauben, tun zu *sollen.* Da Handlungsalternativen, die gut im letzteren Sinne sind, sehr oft dem Eigeninteresse zuwiderlaufen bzw. diesem zumindest nicht in maximaler Weise förderlich sind, sondern vielmehr primär den Interessen *anderer* Rechnung tragen, kann man auch von einer Disposition zu *altruistischem* Handeln sprechen.

Psychologische Grundlage für diese Bereitschaft zu altruistischem Handeln, für dieses Moralgefühl, ist wiederum Empathie. Genauer: eine bestimmte Manifestation bzw. Folge von Empathie: das *Mitleid.* Mitleid entsteht dann bzw. kann entstehen, wenn wir uns in die Situation eines leidenden Menschen hineinversetzen und dann mit ihm *mit*leiden. Ohne dieses Mitleiden mit dem anderen entstünde in uns wohl kaum der Impuls, ihm zu helfen, auch wenn dies nicht der Optimierung unserer eigenen Interessenlage dient oder unseren Interessen gar zuwiderläuft, also der Impuls zu moralischem Handeln im beschriebenen Sinne.

Empathie als arttranszendierendes Phänomen

Daß die kognitive Äquivalenz zweier Individuen *nicht* Voraussetzung für eine empathische Beziehung zwischen ihnen ist, haben wir bereits bei der Betrachtung der symbiotischen Beziehung zwischen Mutter und Kind gesehen. Aber auch die Artgrenze stellt, wie wir noch sehen werden, keine prinzipielle Barriere für empathische Beziehungen dar.

Empathie kann auch charakterisiert werden als Möglichkeit des *Zugangs zu fremden psychischen Erlebnissen*, d. h. als Möglichkeit des Zugangs zu subjektiven Erlebnissen anderer Individuen (vergleiche Peters, 1977, S. 147). Daß nicht nur Menschen, sondern auch Tiere psychische Erlebnisse *haben*, ist, wenngleich oft mit sophistischer Polemik geleugnet, eine Alltagserfahrung:

„Die Tatsache, daß unsere Mitmenschen so etwas Ähnliches sind, und Ähnliches empfinden, wie wir selbst, ist *evident* in genau dem gleichen Sinne, wie mathematische Axiome es sind. Wir sind *nicht* imstande, *nicht* an sie zu glauben. Karl Bühler, der meines Wissens als erster auf diesen Tatbestand hingewiesen hat, sprach von 'Du-Evidenz'.

Mit derselben axiomatischen Sicherheit, mit der wir in unseren Mitmenschen das Vorhandensein einer Seele, das heißt der Fähigkeit zum subjektiven Erleben, voraussetzen, tun wir das auch bei höheren Tieren. Ein Mensch, der ein höheres Säugetier, etwa einen Hund oder einen Affen, wirklich genau kennt und *nicht* davon überzeugt wird, daß dieses Wesen ähnliches erlebt wie er selbst, ist psychisch abnorm und gehört in die psychiatrische Klinik, da eine Schwäche der Du-Evidenz ihn zu einem gemeingefährlichen Monstrum macht.“ (Lorenz, 1980, S. 251, 254)

Daß wir zu den psychischen Erlebnissen von Tieren auch einen *Zugang* haben, ist, wenngleich auch oft Gegenstand polemischer philosophischer Spitzfindigkeiten, ebenfalls vernünftigerweise nicht zu leugnen:

„Wenn eine Graugans, die ihren Gatten verloren hat, haargenau dieselben objektiv feststellbaren physiologischen Symptome zeigt wie ein tieftrauriger Mensch, Symptome, die John Bowlby in seiner Arbeit 'Infant Grief' für Kleinkinder so überzeugend und herzzerreißend beschrieben hat, so kann der Beobachter gar nicht umhin zu fühlen, daß der Vogel trauert. Der Tonus des Nervus sympathicus nimmt dramatisch ab, die Augen sinken tief in ihre Höhlen zurück, die Muskulatur erschlafft, der Kopf sinkt traurig herab, man wird zwingend an den tröstenden Zuspruch gemahnt, den man trauernden Menschen zu sagen pflegt:

'Laß den Kopf nicht hängen.'" (Ibid. S. 254)

Eindrucksvolle Belege für empathische Beziehungen zwischen Menschen und Tieren liefert auch ein Forschungsprojekt von Mary Joan Willard, die Kapuzineräffchen darauf trainiert, Querschnittgelähmten, die an den Rollstuhl gefesselt sind, in ihrem Alltag zu helfen. Den Affen wird z. B. beigebracht, Licht, Radio und Fernsehgerät ein- und auszuschalten, eine Kassette in den Recorder zu legen, Gegenstände, etwa ein Buch oder eine Bürste, zu bringen usw. Ja die Tiere lernen sogar, ein vorbereitetes Essen aus dem Kühlschrank zu holen, es aufzuwärmen und den Patienten dann mit einer Tasse zu füttern. Über die Beziehung zwischen der Patientin Sue und dem Kapuzineräffchen Henrietta berichtet Willard:

„Natürlich ist zunächst mal wichtig, daß Henrietta eine Reihe von Dingen für Sue erledigen kann. Aber wichtiger scheint mit noch, daß sie ihren sozialen Horizont erweitert hat. Sues Eltern erzählten mir, daß das erste, was sie nach dem Unfall beklagte, die Tatsache war, daß sie nun nie mehr Kinder haben könnte, und sie hätte sich Kinder so sehr gewünscht. Henrietta ist ein Wesen irgendwo zwischen Lieblingstier und Kind. Man muß einfach mal hinhören, wenn die zwei sich unterhalten. Sie haben eine sehr gesunde und tiefe Beziehung." (Lowther, 1987, S. 20)

Und Sue über die Wiedersehensfreude von Henrietta nach längerer Trennung:

„Sie stürzt sich förmlich auf mich. Was für ein Küssen und Abschlecken und Umarmen, während sie mir alles mitteilt, was sie erlebt hat! Ich würde schon sagen, wir haben ein Liebesverhältnis miteinander.“ (Ibid.)

Selbstverständlich kann nicht geleugnet werden, daß das Erfassen von tierlichen Erlebnissen durch den Menschen Schwierigkeiten in sich birgt. Natürlich kann es zu qualitativen und quantitativen Fehlinterpretationen kommen. Aber: *Erstens* unterscheidet sich das Erfassen von tierlichen Erlebnissen in dieser Hinsicht lediglich in gradueller Weise vom Erfassen menschlicher Erlebnisse: Auch im zwischenmenschlichen Bereich kommt es, wie jeder Psychotherapeut bestätigen kann und was jeder auch aus eigener Erfahrung weiß, zu – mitunter fatalen – Mißverständnissen in bezug auf das seelische Erleben des anderen. Und *zweitens* können die Schwierigkeiten beim Erfassen fremder Erlebnisse bei gutem Willen zu einem Großteil überwunden werden: Die wichtigste Voraussetzung für das möglichst korrekte Erfassen fremder psychischer Erlebnisse – seien es nun menschliche oder tierliche Erlebnisse – ist, daß man sich möglichst umfassend und unvoreingenommen über das betreffende Lebewesen und seine Situation *informiert.* Dies mag bei Tieren mitunter schwieriger sein als bei Menschen, aber es ist möglich. Auch hierfür liefert das erwähnte Forschungsprojekt mit den Kapuzineräffchen einen anschaulichen Beleg. In bezug auf die Überwindung anfänglicher Verständigungschwierigkeiten zwischen ihr und dem Kapuzineräffchen berichtet die Patientin Sue:

„Ich mußte erst einmal lernen, wie ein Affe zu denken, einen anderen Weg gab es nicht. Also las ich alle wichtigen Veröffentlichungen zu diesem Thema, und ich glaube, heute weiß ich, wie Affen denken. Man darf sich nicht wie eine menschliche Mutter verhalten, man muß wie eine Affenmutter sein. Wenn Henrietta irgendetwas anstellt, dann schimpfe ich nicht mit ihr, sondern lenke sie ab und bringe sie auf etwas Neues. Wenn ich zufrieden mit ihr bin und ihr das mitteilen möchte, dann lächle ich nicht, weil ich dann meine Zähne zeigen müßte, und das interpretieren Affen als Zeichen von Aggression. Sie hat sogar akzeptiert, daß ich behindert bin. Sie rauft mit mir nicht, wie sie das mit anderen Leuten tut. Sie ist sehr sanft mit mir - wir verstehen uns." (Ibid.)

Empathische Beziehungen zu Tieren sind möglich. Deshalb können wir mit Tieren auch *Mitleid* – nach Thomas More (zitiert nach Schleifer, 1986, S. 104) die feinste Empfindung, deren der Mensch fähig ist – haben. Oder rufen Beschreibungen wie die folgenden (die mit dem unmittelbaren Miterleben des Beschriebenen wohl kaum zu vergleichen sind!) kein Mitleid hervor?

„Die Erinnerung an ein Hühnerschlachthaus in Maryland wird mich immer begleiten. Es war Sommer, etwa 32 Grad heiß, feucht, kein Schatten, und die Hühner saßen in aufeinandergestapelten Verschlägen. Als wir eintraten, atmeten wir den fast fühlbaren Gestank von warmen, sterbenden Körpern ein. Er drang durch unsere Kleider bis auf die Haut. Wir nahmen einige Vögel aus den Verschlägen heraus und sie versuchten, schmelzende Eiswürfel aus unseren Händen zu trinken. Sie waren zu schwach, um die Köpfe hochzuhalten. Sie hätten dort bis zum nächsten Morgen bleiben sollen und wären an Erschöpfung, Atmungsstillstand usw. gestorben. Wir ließen durch die Wachmannschaft den Manager hereinrufen, um sie zu töten." (Ingrid Newkirk, unveröffentlichtes Interview, zitiert nach Schleifer, 1986, S. 98)

„Die Sommerhitze in der Stadt war unerträglich. Die Schweine warteten, die kleinen Augen auf die Männer gerichtet, die zu fürchten sie gelernt hatten. Ohren und Schwänze zuckten, durch den ziehenden Schmerz von Kratzern, von dem gebackenen Schlamm, der an ihren Körpern klebte, und den immer gegenwärtigen Insekten gereizt. Ein Tier lag ausgestreckt, mit bebenden Flanken, verloren im Todeskampf eines Herzschlags. Ein anderes stand da, mit dem Kopf fest eingeklemmt in einem Tor, ächzend vor hilfloser Not. Vor Hitze keuchend standen andere Tiere nahe bei diesen beiden Leidenden, sie mit der Schnauze sacht anstoßend, wie um ihre Sympathie auszudrücken. Wartend.

Plötzlich erschien ein Mann, mit schweren Stiefeln und einem Elektrostock. Die Tiere überkam das helle Grauen, ihre Schreie überschlugen sich. Der Mann schlug ziellos um sich, wobei er Beine, Köpfe und Rücken traf, während die Tiere im verzweifelten Fluchtversuch übereinanderkletterten.

Ein erzwungener Lauf den verdunkelten Holzgang hinab; wildes Umherschlagen, um dem gnadenlosen Bolzenschußapparat zu entgehen; dann Bewußtlosigkeit. Unbarmherzig erstickten die menschlichen Mörder die Stimmen der Schweine, eine nach der anderen.“ (Harriet Schleifer: „Echoes of a Canadian Stockyard“, unveröffentlicht, zitiert nach Schleifer, 1986, S. 99)

Notwendige Ausdehnung der moralischen Sphäre: Überwindung des Speziesismus

Aus dem Umstand, daß Mitleid als Manifestation bzw. Folge von Empathie einerseits die psychologische Voraussetzung für moralisches Handeln ist und daß wir andererseits auch gegenüber Tieren Mitleid haben können, folgt nicht *logisch*, daß wir auch gegenüber Tieren moralisch handeln sollen. In diese *Richtung* weist dieser Umstand allerdings schon, denn: Wenn uns das Mitleiden mit einem menschlichen Lebewesen veranlaßt, ihm zu helfen, obwohl dies unseren eigenen Interessen nicht förderlich ist oder diesen gar zuwiderläuft, warum soll uns dann eigentlich das Mitleiden mit einem tierlichen Lebewesen *nicht* zu solchem Handeln veranlassen? Ist denn der Umstand, daß Tiere einer anderen *biologischen* Spezies angehören, wirklich *moralisch* so bedeutsam? Und wenn ja, warum?[1]

Genau diese Fragen werden heute von seiten der jüngeren Tierrechtsbewegung im Zusammenhang mit dem Ausdruck *„Speziesismus“* thematisiert. In Analogie zu Rassismus und Sexismus spricht Singer von *Speziesismus*, wenn Lebewesen aufgrund des Umstandes diskriminiert werden, daß sie einer anderen Spezies angehören. „Speziesismus ... ist ... eine Befangenheit gegenüber den Interessen von Mitgliedern der eigenen Spezies, gerichtet gegen die Interessen der Mitglieder anderer Spezies“ (Singer, 1982, S. 26).

Bevor wir aber näher auf den Speziesismus eingehen, wollen wir uns zunächst einer anderen Form bzw. Voraussetzung von Diskriminierung zuwenden: dem Patriotismus. Vielleicht ist der Patriotismus besser geeignet, unseren Blick für die Lächerlichkeit und Verwerflichkeit solcher Diskriminierungen zu schärfen, weil die Kritik an ihm eine - von Diogenes über Seneca und Mark Aurel bis herauf zu Voltaire, Schiller und Goethe reichende (vergleiche Singer, 1981, S. 52) - lange Tradition hat, was beim Speziesismus, der erst in den siebziger Jahren unseres Jahrhunderts „entdeckt“ wurde, nicht der Fall ist.

„Jede Nation spottet über die andere, und alle haben Recht“, schreibt Schopenhauer (1963, S. 77). Und:

„Wer bedeutende persönliche Vorzüge besitzt, wird ... die Fehler seiner eigenen Nation, da er sie beständig vor Augen hat, am deutlichsten erkennen. Aber jeder erbärmliche Tropf, der nichts in der Welt hat, darauf er stolz seyn könnte, ergreift das letzte Mittel, auf die Nation, der er gerade angehört, stolz zu seyn: hieran erholt er sich und ist nun dankbarlich bereit, alle Fehler und Thorheiten, die ihr eigen sind, . . . zu vertheidigen.“ (Ibid., S. 76)

Und Singer fragt: „Warum betrachten wir denn Patriotismus überhaupt als eine Tugend? Wir mißbilligen egoistisches Verhalten, aber wir unterstützen Gruppen-Egoismus und adeln ihn mit dem Wort ‘Patriotismus’“ (Singer, 1981, S. 52; übers. v. H. F. K.). Nach Schopenhauer verrät der Patriotismus bei demjenigen, der sich auf ihn beruft, „den Mangel an *individuellen* Eigenschaften, auf die er stolz seyn könnte, indem er sonst nicht zu Dem greifen würde, was er mit so vielen Millionen theilt“ (Schopenhauer, 1963, S. 76). So gesehen ist die Armseligkeit des Speziesisten, also desjenigen, der stolz darauf ist, der Spezies Mensch anzugehören, nicht mehr zu überbieten, da er diesen „Vorzug“ mit mehr Menschen, nämlich mit allen, teilen muß, als dies beim Patrioten, Rassisten oder Sexisten hinsichtlich deren „Vorzügen“ der Fall ist.

Den Speziesismus charakterisiert Singer als Verstoß gegen das Gleichheitsprinzip, wonach ähnlichen Interessen gleiches moralisches Gewicht verliehen werden soll:

„Der Rassist verstößt gegen das Prinzip der Gleichheit, indem er den Interessen von Mitgliedern seiner eigenen Rasse ein größeres Gewicht gibt, wenn ein Gegensatz zwischen deren Interessen und den Interessen der Angehörigen einer anderen Rasse besteht. Der Sexist verstößt gegen das Prinzip der Gleichheit, indem er die Interessen seines eigenen Geschlechts vorzieht. Auf ähnliche Weise läßt der Speziesist zu, daß die Interessen seiner eigenen Spezies die größeren Interessen von Mitgliedern anderer Arten unterdrücken. Das Muster ist in allen diesen Fällen identisch.“ (Singer, 1982, S. 28)

„Weiße Rassisten akzeptieren nicht, daß der Schmerz, den Schwarze verspüren, ebenso schlimm ist wie der, den Weiße verspüren ... Menschliche Speziesisten erkennen nicht an, daß der Schmerz, den Schweine oder Mäuse verspüren, ebenso schlimm ist wie der von Menschen verspürte." (Singer, 1984, S. 73 f.)

Diese Diskriminierung von Lebewesen, die einer anderen Spezies angehören, d. h. ihr Ausschluß aus der moralischen Sphäre oder zumindest die prinzipielle Minderbewertung ihrer Interessen kann rational nicht gerechtfertigt werden. Es sei denn, man führt als Prämisse eine ebenso metaphysische wie schmeichelnde und daher allseits freudig akzeptierte These ein, nämlich, daß haargenau entlang der biologischen *Art*grenze des Menschen auch eine moralisch relevante *Wert*grenze verlaufe. – An „Vorbildern" und Beispielen für solch zweifelhafte rigide Verknüpfungen zwischen äußeren und moralischen Merkmalen (bzw. als moralisch relevant postulierten Merkmalen) fehlt es bekanntlich nicht: Neger sind dumm, Frauen haben keine Seele, Juden sind Betrüger usw. usw.

Hinreichende Ausdehnung der moralischen Sphäre: Solidarität mit den Leidensfähigen

Wenn die bisher de facto weitgehend akzeptierte und praktizierte speziesistische Auffassung unhaltbar ist, so stellt sich natürlich die Frage, wo die Grenze der moralischen

Sphäre *dann* gezogen werden soll. Eine Antwort auf diese Frage gibt Singer in seinem Buch „The Expanding Circle", dem er folgendes Zitat von W. E. H. Lecky aus dessen „The History of European Morals" als Motto voranstellt:

„Einst umfaßten die wohlwollenden Gefühle nur die Familie, bald erweiterte sich der Kreis und umschloß zuerst eine Gruppe, dann ein Volk, dann ein Bündnis von Völkern, dann alle Menschen, und schließlich beeinflußt diese Tendenz des sich ausdehnenden Kreises nun auch den Umgang des Menschen mit Tieren." (Zit. n. Singer, 1981, S. XIII; übers. v. H. F. K.)

Singer zeigt, daß es seit antiken Zeiten in der Moralentwicklung eine Tendenz gibt, die Sphäre derjenigen, denen gegenüber man sich zu moralischem Handeln verpflichtet fühlt, immer weiter auszudehnen:

„Der Wechsel vom Standpunkt der Selbstlosigkeit unter den Individuen einer Gruppe, aber nicht zwischen Gruppen, zu dem allumfassend selbstlosen Standpunkt ist ein gewaltiger Schritt . . . Nichtsdestoweniger ist dies die Richtung, in die moralisches Denken seit dem Altertum fortschreitet." (Singer, 1981, S. 113; übers. v. H. F. K.)

Die *Grundlage* moralischen Verhaltens erblickt Singer im Umstand, daß der Mensch ein soziales Wesen ist:

„Die Idee einer Rechtfertigung des eigenen Verhaltens

aufgrund uneigennütziger Motive erwächst aus der sozialen Natur des Menschen sowie aus den Erfordernissen des Zusammenlebens in Gruppen. Aber im Denken rationaler Wesen erhält diese Idee eine eigenständige Logik, die zu ihrer Ausdehnung über die Grenzen der eigenen Gruppe hinaus führt." (Ibid., S. 114; übers. v. H. F. K.)

Unter anderem folgende Faktoren sind bestimmend für die stetige *Ausdehnung* der moralischen Sphäre: Der zunehmende Fortschritt der *Wissenschaften* die zunehmende Verbreitung von *Bildung*, die zunehmende *Mobilität*, die zunehmende *Kommunikation* im allgemeinen und die zunehmend breitere *Diskussion von moralischen Fragen* im besonderen (während diese früher im Familienkreis diskutiert wurden, werden sie heute auf internationalen Konferenzen diskutiert) führen dazu, daß immer mehr moralische Positionen und Aspekte ins allgemeine *Bewußtsein* treten und vorhandene *Widersprüche* zwischen moralischen Positionen sichtbar werden. All dies hat langfristig zur Folge, daß die globaleren moralischen Positionen gegenüber den traditionellen regional und partikulär bestimmten moralischen Positionen immer mehr an Ansehen gewinnen und sich zunehmend allgemein durchsetzen. (Ibid. S. 114 ff.)

Abgeschlossen ist der beschriebene Prozeß der Moralentwicklung erst dann, wenn die moralische Sphäre alle der Empfindung fähigen Lebewesen umfaßt, wenn unsere Moral von der *Solidarität mit allen Leidensfähigen* getragen wird:

„Die Sphäre des Altruismus hat sich ausgedehnt von Familie und Stamm auf Volk und Rasse. Und nun beginnen wir zu erkennen, daß sich unsere moralischen Verpflichtungen auf alle Menschen erstrecken. Dieser Prozeß sollte nicht hier enden. In meinem früheren Buch *Animal Liberation* habe ich gezeigt, daß es ebenso willkürlich ist, das Prinzip der gleichen Erwägung von Interessen auf unsere eigene Spezies zu beschränken, wie es willkürlich wäre, dieses Prinzip auf unsere eigene Rasse zu beschränken. Der einzige Punkt, an dem es moralisch gerechtfertigt ist, die Ausdehnung des Altruismus zu stoppen, ist da, wo alle, deren Wohlergehen durch unsere Handlungen berührt werden kann, sich innerhalb der Sphäre des Altruismus befinden. Das heißt, daß alle Lebewesen mit der Fähigkeit, Freude und Schmerz zu empfinden, inkludiert werden sollten; wir können ihr Wohlergehen durch Vermehrung ihrer Freuden und Verminderung ihrer Leiden fördern. (...)

... Ich glaube, daß der langwierige und launenhafte Prozeß der Erweiterung unserer moralischen Horizonte erst dann seinen wirklichen Abschluß gefunden haben wird, wenn unsere Ethik soweit ist, daß sie die Interessen aller empfindungsfähigen Lebewesen berücksichtigt." (Ibid. S. 120, 124; übers. v. H. F. K.)

Anstatt Überlegungen darüber anzustellen, ob die skizzierte *faktische* Tendenz der Moralentwicklung auch *wünschenswert* oder *„richtig"* ist, möchte ich zum Schluß auf eine Implikation im Zusammenhang mit dieser Tendenz hinweisen:

Solange es nicht gelingt, die moralische Sphäre auf alle leidensfähigen Lebewesen auszudehnen, und das heißt, diese (samt ihren Lebensvoraussetzungen) *um ihrer selbst willen zu schützen*; solange wir mit dem Versuch fortfahren, genau zu berechnen, *wieviel* wir die tierliche und pflanzliche Mit- und Umwelt schützen müssen, damit *unseren* Interessen maximal gedient ist; kurz: solange wir fortfahren, einen „ökonomisch vertretbaren", einen „vernünftigen" Tier- und Umweltschutz zu betreiben – *so lange* haben wir auch nicht die geringste Chance, die Grundlagen für unser und der gesamten Natur Überleben, die Voraussetzungen für Leben, Empathie, Mitleid – und Sinn zu erhalten.

Anmerkung

[1] In diesem Zusammenhang stellt sich auch die Frage, warum wir das *Leiden* von Tieren *systematisch* aus unserem Bewußtsein verbannen, indem wir etwa die Stätten der Aufzucht von Tieren, die der Fleisch-, Eier- oder Pelzproduktion dienen, sowie Schlachthäuser und Versuchslabors weitgehend den Augen der Öffentlichkeit entziehen. Haben wir vielleicht Angst vor unserem eigenen *Mitleiden* und seinen Folgen?

Literatur

Caruso, Igor A.: *Narzißmus und Sozialisation. Entwicklungspsychologische Grundlagen gesellschaftlichen Verhaltens.*

Stuttgart: Bonz, 1976.
Kohut, Heinz: *Die Zukunft der Psychoanalyse.* Frankfurt am Main: Suhrkamp, 1975.
Lorenz, Konrad: *Tiere sind Gefühlsmenschen*, Der Spiegel, 47, 1980.
Lowther, William: *Die haarigen Helfer,* Zeit-Magazin, 49, 1987.
Peters, Uwe Henrik: *Wörterbuch der Psychiatrie und medizinischen Psychologie.* München: Urban und Schwarzenberg, ^{2}1977.
Schiller, Friedrich: *Gesammelte Werke in fünf Bänden,* Bd. Ill. Hrsg. v. Reinhold Netolitzky. Berlin: C. A. Koch´s Verlag Nachfolger, o. J.
Schleifer, Harriet: *Bilder von Tod und Leben: Nutztiererzeugung und die vegetarische Alternative.* In: Peter Singer (Hrsg.): Verteidigt die Tiere. Wien: Neff, 1986.
Schopenhauer, Arthur: *Aphorismen zur Lebensweisheit.* Stuttgart: Reclam, 1963.
Singer, Peter: *Befreiung der Tiere.* München: Hirthammer, 1982.
Singer, Peter: *The Expanding Circle.* Oxford: Clarendon Press, 1981.
Singer, Peter: *Praktische Ethik.* Stuttgart: Reclam, 1984.

Umweltschutz und Tierschutz – Einheit oder Gegensatz?

Der Umweltschutz gehört heute in zivilisierten Ländern zum festen Bestandteil gesellschaftlichen und politischen Bewußtseins. Wenn auch die praktische Umsetzung dessen, was in (Sonntags-)Reden und programmatischen Bekenntnissen gefordert und verkündet wird, weit hinter den theoretischen Ansprüchen und weit hinter den realen Erfordernissen zurückbleibt, so ist es dennoch ein nicht zu unterschätzender Fortschritt, daß es sich heute, zumindest in der Öffentlichkeit, niemand mehr leisten kann, gegen den Umweltschutz Stellung zu beziehen. Glücklicherweise gibt es auch Organisationen, allen voran Greenpeace, die die vielerorts erhobenen ökologischen Forderungen dann auch in konsequenter und radikaler Weise durchsetzen.

Über das Aufstellen und Realisieren von konkreten Sachforderungen hinausgehend, ist die ökologische Bewegung und Idee inzwischen aber auch zu einer etablierten und einflußreichen Weltanschauung avanciert, deren Attraktivität langfristig gesichert erscheint: Angesichts der anhaltenden und rapide zunehmenden Bedrohung der Umwelt hat der Schutz der Umwelt Plausibilität und Rationalität auf seiner Seite.

Neben der Umweltschutzbewegung gibt es seit Mitte der siebziger Jahre auch noch eine andere, auf den ersten Blick recht ähnliche, programmatische Initiative: die Tierrechtsbewegung. Im Gegensatz zum traditionellen Tierschutz, der sich darauf beschränkt, Tierquälerei zu bekämpfen und Mitleid und Barmherzigkeit auch gegenüber Tieren zu fordern, geht es bei der Tierrechtsbewegung nicht um menschliche *Gnadenakte*, sondern um tierliche *Rechte*. Verlangt wird auch nicht, wie vom traditionellen Tierschutz, daß Tiere möglichst *human* geschlachtet werden, sondern daß sie *überhaupt nicht* geschlachtet werden: Die Forderung nach einer konsequent vegetarischen Lebensweise ist das Kernstück dieser Bewegung.

Am Anfang der Tierrechtsbewegung steht Peter Singers 1975 erschienenes Buch *Animal Liberation*, dessen Thesen die Diskussion auch heute noch maßgeblich bestimmen. Das Programm, die Philosophie hinter dem Titel „Animal Liberation" ist, kurz gesagt, folgendes: Nachdem wir, das *Gleichheitsprinzip* ernst nehmend, erkannt haben, daß *Rassismus* und *Sexismus* moralisch falsch sind, besteht der nächste konsequente, „logische" Schritt darin, zu erkennen, daß unser Umgang mit Tieren von einem *Speziesismus* geleitet ist – entsprechend Jeremy Benthams (1780) Erkenntnis: „Die Frage ist nicht: können sie *denken*? oder: können sie *sprechen*?, sondern: können sie *leiden*?" So, wie wir bisher für die Gleichberechtigung der Frauen und für ihre Befreiung aus sexistischen Machtstrukturen gekämpft haben („Women's Liberation"), geht es nun um den Kampf für die Rechte der Tiere, um die Befreiung der Tiere aus speziesistischen Machtstrukturen („Animal Liberation"). Unser Umgang mit Tieren – im Zusammenhang mit Fleischproduktion, Tierversuchen, Pelzgewinnung, Jagd, Zoologischen Gärten und nicht zuletzt im Rahmen der Umweltzerstörung – ist moralisch ebenso verwerflich wie Sklaverei, Rassismus und Sexismus.

Nun gibt es ein merkwürdiges Phänomen: Obwohl es zwischen der Umweltschutzbewegung und der Tierrechtsbewegung ganz offensichtlich bedeutsame Konvergenzen und Parallelen in bezug auf Zielsetzungen und Grundlagen gibt, besteht dennoch zwischen beiden Bewegungen ein nicht zu übersehendes Spannungsverhältnis.

Zunächst wollen wir aber einmal die Gemeinsamkeiten zwischen beiden Bewegungen betrachten. Da fällt zunächst einmal ins Auge, daß die Erhaltung einer gesunden Umwelt, der sich die Umweltschützer verschrieben haben, auch im Interesse der Tierschützer sein muß, da das Vorhandensein einer gesunden Umwelt für viele Tiere eine notwendige Voraussetzung für ihre Existenz darstellt.

Über diese in gewissem Sinne noch eher indirekte gemeinsame Zielsetzung von Umwelt- und Tierschützern hinausgehend, gibt es aber auch noch eine ganz direkte Gemeinsamkeit: Umweltschutzorganisationen setzen sich auch in massiver Weise für den Schutz und die Erhaltung von Tierarten, die vom Aussterben bedroht sind, ein. Dieses Engagement für bedrohte Tierarten ist auch keineswegs ein marginales Interesse der Umweltschützer, sondern stellt vielmehr einen integrierenden Bestandteil ihres Selbstverständnisses und ihres Aktionsprogramms dar. Wieder also eine Gemeinsamkeit zwischen Tier- und Umweltschützern, von der man meinen könnte, daß sie eine solide Grundlage für intensives gemeinsames Handeln darstellte.

Die fundamentalste Parallele zwischen der Tierrechts- und der Umweltschutzbewegung scheint aber in der gemeinsamen Erkenntnis zu liegen, daß wir, um angemessen handeln zu können, die rein anthropozentrische Perspektive überwinden und uns darüber klar werden müssen, daß wir nur ein Teil eines größeren Ganzen sind.

Diese zuletzt erwähnte Gemeinsamkeit, die Erkenntnis, daß wir unseren moralischen Horizont erweitern müssen, wollen wir näher betrachten. Erinnern wir uns: Sowohl Tier- als auch Umweltschützer setzen sich für das Leben von Tieren ein. Aber da gibt es auch einen Unterschied: Für die Umweltschützer zählen ganz offensichtlich nur Tier*arten*: Tiere werden dann geschützt, wenn die Gefahr besteht, daß sie als Spezies aussterben. Schicksal und Leiden des *einzelnen* Tieres interessieren den Umweltschützer offenkundig wenig oder gar nicht (zumindest finden sie keinen Niederschlag in den Aktionsprogrammen der Umweltschutz-Organisationen). Die Tierrechtsbewegung (und auch der traditionelle Tierschutz) ist hingegen sehr wohl am Schicksal des individuellen Tieres interessiert: Das Leben und Leiden eines Tieres ist von moralischer Bedeutung – *unabhängig* vom Befinden der Spezies, der es angehört. Worin ist diese unterschiedliche Bedeutung tierlichen Lebens und Leidens begründet, und welche Bedeutung hat sie?

Zunächst war es zweifellos ein erheblicher Fortschritt, als die ökologische Bewegung erkannte, daß auch unser Umgang mit Tieren moralisch bedeutsam ist. Das ist die eine Seite der Medaille. Andererseits, und dies wird meist nicht gesehen, ist es aber ein ungeheurer Zynismus, diese Integration der Tiere in die moralische Sphäre auf Tier*arten* zu beschränken: Tiere sind nur dann von Bedeutung, wenn sie als Arten bedroht sind. Um diesen Zynismus zu begreifen, muß man sich vor Augen führen, welch brutale Logik dahintersteckt. Diese Art von Tierschutz befindet sich auf der gleichen, ebenso konfusen wie erbärmlichen moralischen Ebene wie ein Mensch, der Sklaverei und Folter nur dann verurteilt, wenn dabei die Gefahr besteht, daß durch sie eine ganze Rasse ausgelöscht wird. Solange der Bestand der betreffenden Rasse gesichert ist, könnte man, dieser Logik zufolge, deren Angehörige nach Belieben ausbeuten, foltern und umbringen. Solange Hitler dafür gesorgt hätte, daß die Juden nicht insgesamt aussterben, wäre an den Konzentrationslagern nichts auszusetzen gewesen!

Woher aber kommt dieser – zwar den meisten wohl nicht bewußte, aber deshalb nicht weniger existente und wirksame – erschütternd rücksichtslose und brutale ökologische Tierschutzbegriff? Die Antwort ist ganz einfach: Dem Umweltschützer geht es *in Wirklichkeit* überhaupt nicht um den Schutz der Tiere – sowenig es ihm *in Wirklichkeit* um den Schutz der übrigen Umwelt geht! *Tatsächlich* geht es ihm ausschließlich um sich *selbst*. Pflanzliche und tierliche Umwelt werden nur deshalb und nur so weit geschützt, wie es für *sein* Wohl notwendig erscheint. Pflanzen und Tiere werden nicht um ihrer selbst willen geschützt, sondern sind reine Mittel zum Zweck. Sie werden nur deshalb geschützt, damit der Mensch *für sich* eine gesunde und funktionierende Umwelt hat. Vom Aussterben bedrohte Tierarten werden geschützt, damit der *Mensch* sich weiter an ihrem Anblick erfreuen kann.

Somit erweist sich die Überwindung der anthropozentrischen Perspektive durch die ökologische Bewegung als eine einzige riesige optische Täuschung: Der menschliche Egoismus wurde nicht *überwunden*, sondern nur *modernisiert*. Er wurde lediglich den neuen zivilisatorischen Rahmenbedingungen angepaßt und mit einem moralischen Nimbus in Gestalt wohlklingender, aber hohler altruistischer Floskeln versehen. Die Tierrechtsbewegung hat im Gegensatz dazu einen radikal neuen, genuin moralischen Blickwinkel, mit dem der alte (Art-)Egoismus *tatsächlich* überwunden wurde: Die Tiere werden um ihrer selbst willen geschützt.

Das oben festgestellte und zunächst unverständliche distanzierte Verhältnis zwischen Umweltschutz- und Tierrechtsbewegung entbehrt also, wie wir sehen, keineswegs der Grundlage und Berechtigung. Dennoch muß diese Trennung aber im Interesse aller überwunden werden!

Die vorangehende Analyse und Kritik betrifft nicht konkrete Menschen, sondern abstrakte Begriffe (die allerdings das konkrete menschliche Handeln bestimmen). Zweifellos gibt es auch Menschen, deren Haltungen und Handlungen nicht von den aufgezeigten Defiziten geprägt sind. Und hier liegt auch unsere Chance: Die Vertreter der Tierrechts- und der Umweltschutzbewegung können, sollen und müssen voneinander lernen. Von den Umweltschützern kann man u. a. organisatorische Effizienz und Medienpräsenz lernen. Von der Tierrechtsbewegung kann man lernen, daß Leben und Leiden *an sich* von moralischer Relevanz sind und nicht erst nach der Multiplikation mit einem bestimmten quantitativen Faktor und wenn sie in einem bestimmten instrumentellen Verhältnis zum menschlichen Wohlbefinden stehen.

Es muß zu einer tatsächlichen und nicht nur optischen Überwindung der anthropozentrischen Verzerrung unserer Wahrnehmung kommen. Solange wir stets nur fragen, ob und wie weit anderes Leben geschützt werden muß, damit *unserem* Leben am besten gedient ist, d. h. solange wir unsere pflanzliche und tierliche Mit- und Umwelt nicht um ihrer *selbst* willen schützen, so lange wird unser Tun weder moralisch vertretbar noch faktisch wirksam sein.

Fleischessen – Notwendigkeit, Wahnsinn oder Verbrechen?

1. Absurdität des realen Schlachtens

1.1. Folgen des Fleischessens für die Tiere

Die Folgen des Fleischessens für die Tiere können mit einem Wort umschrieben werden: *Leiden.* Zunächst einige Zahlen: Allein in den USA werden für menschliche Ernährung *täglich* 14 Millionen Tiere geschlachtet. Das sind im Jahr 5 *Milliarden* Tiere. Zählt man Fische hinzu, und es gibt keinen vernünftigen Grund, dies nicht zu tun, so ergibt sich eine Zahl von mehreren *Billionen* Tieren, die jährlich allein in den USA umgebracht werden. Damit ist das Töten von Tieren für Emährungszwecke die zahlenmäßig schwerwiegendste Ausbeutung von Tieren durch den Menschen.

Die heutige „Tierproduktion" bedient sich, wie schon der Name vermuten läßt, letzter wissenschaftlicher Erkenntnisse und modernster technischer Methoden. Allerdings nicht, um den Millionen täglich hingeschlachteter Tiere das Leben und Sterben zu erleichtern, sondern um sie noch hemmungsloser auszubeuten. Mit Hilfe des Computers werden Futtermischung, Medikamentenbeigaben, Schlachtreife und vieles andere errechnet – und: wieviel Geld pro Tier investiert werden darf, um bei gegebenem Verkaufspreis noch einen ausreichenden Gewinn zu erzielen. Die Folge dieser Entwicklung ist, daß die Tiere ausschließlich als Fleisch- und Eiermaschinen betrachtet werden, deren Effizienz es zu steigern gilt. Einziges Ziel ist der maximale Profit. Das Wohlbefinden der Tiere spielt keine Rolle, sie werden als Maschinen angesehen und wie Maschinen behandelt.

Auf Einzelheiten in bezug auf das Leiden, das den Tieren bei Aufzucht, Transport und Schlachtung zugefügt wird, möchte ich hier nicht eingehen, da es mir in diesem Aufsatz primär um die Veranschaulichung der größeren Zusammenhänge geht. Wer sich diesbezüglich informieren will, findet aber hierzu heute schon einige Publikationen, die das lebenslange Leiden der Tiere, deren Leichen wir dann essen, realistisch beschreiben.

Was uns hier aber sehr wohl interessiert, ist, wie das unendliche Leiden, das wir den Tieren zufügen, gerechtfertigt wird. Dieses Leiden wird, wie bei den Tierversuchen, prinzipiell damit gerechtfertigt, daß es im Interesse des Menschen eben notwendig und deshalb auch moralisch legitim sei. Kurz, die Rechtfertigung lautet: Die Vorteile für die Menschen wiegen die Nachteile für die Tiere auf.

Nachdem wir die Nachteile unseres Fleischessens für die Tiere kennengelernt haben, wollen wir uns nach den Vorteilen für die Menschen umsehen. Wenn wir uns bei der Suche nach den Vorteilen des Fleischkonsums für den Menschen aber an Fakten und nicht an Vorurteilen orientieren, müssen wir sehr schnell feststellen, daß es diese Vorteile gar nicht gibt. *Im Gegenteil*: Das tierliche Leiden wird nicht nur durch keine menschlichen Vorteile aufgewogen, sondern das Fleischessen bringt auch dem Menschen nichts als Nachteile, und zwar gravierende Nachteile. Die wahren Konsequenzen des Fleischkonsums für den Menschen sind nämlich Hunger, Umweltzerstörung und Krankheit.

1.2. Folgen des Fleischessens für die Menschen

1.2.1. Hunger

Fleisch zu essen bedeutet gegenüber einer vegetarischen Lebensweise eine ungeheure Verschwendung der Nahrungsressourcen unseres Planeten, und zwar aus einem ebenso einfachen wie einleuchtenden Grund: Die Tiere, deren Fleisch wir essen, benötigen ca. 90 Prozent des Futters, das wir ihnen geben, zur Aufrechterhaltung ihres eigenen Stoffwechsels. Mit anderen Worten: Wenn wir selbst Pflanzen essen würden, anstatt sie an Tiere zu verfüttern, um dann deren Fleisch zu essen, könnten wir zehnmal so viele Menschen ernähren.

Über den verhängnisvollen Beitrag zum *globalen* Hungerproblem hinausgehend, fördert das Fleischessen aber auch die *regionale* Verelendung von Menschen. Die landwirtschaftliche Nutzfläche vieler Länder der Dritten Welt wird heute nicht mehr für die Deckung des Nahrungsbedarfs der einheimischen Bevölkerung genützt, sondern dafür, Futtermittel für die überseeische Viehwirtschaft zu produzieren. So fallen etwa in Brasilien mehr als 10 Millionen Hektar Land für die heimische Nahrungsmittelversorgung aus, weil Sojaschrot als Futtermittel für die Fleischproduktion in Europa und Japan exportiert wird. Ähnlich sieht es in Thailand, Indonesien und vielen anderen Ländern aus.

1.2.2. Umweltzerstörung

Angesichts der vielfältigen und komplexen Folgen, die Fleischessen in ökologischer Hinsicht hat, wird man unweigerlich an das Schiller-Wort, wonach es der Fluch der bösen Tat ist, daß sie fortzeugend Böses muß gebären, erinnert:

1.2.2.1 Kunstdünger und Pflanzenschutzmittel

Fleisch zu essen ist, wie wir gesehen haben, eine enorm ineffiziente Art, uns zu ernähren. Es ist so, wie wenn wir unsere Nahrungsmittel von den Produktionsstätten zu den Orten des Bedarfs mit Lastwagen transportieren würden, die unterwegs regelmäßig 90 Prozent ihrer Ladung verlieren. Die Folge dieser Ineffizienz unserer Nahrungsmittelproduktion ist, daß wir aus den Böden das Letzte herausholen müssen - und zwar mit massivem Chemieeinsatz.

Wie keine andere Maßnahme war die Nitratdüngung dazu geeignet, das Pflanzenwachstum zu beschleunigen und so die notwendigen Ernteergebnisse zu erzielen. Doch der schrankenlose Einsatz des Nitratdüngers wurde zur bedrohlichen Umweltgeißel: Die alljährlich bis zu 1000 Kilogramm Nitrat, die in der Bundesrepublik Deutschland pro Hektar eingesetzt werden, können nur zu einem kleinen

Teil vom Getreide oder Weidegras aufgenommen werden. Der Großteil wandert mit dem Regenwasser langsam, aber sicher ins Grundwasser. Die Verseuchung des Grundwassers mit Düngesalzen hat bereits erschreckende Ausmaße angenommen. In landwirtschaftlichen Intensivregionen muß bereits fast die Hälfte der privaten Hausbrunnen als gesundheitsschädlich betrachtet werden.

Aber schon ist die zweite, die eigentliche Giftwelle im Grundwasser angekommen: der Pestizid-Schock. Rund 50 dieser sogenannten „Pflanzenschutzmittel“ konnten die Analytiker der Wasserwerke in der Bundesrepublik bereits in ihren Brunnen nachweisen. Daß bisher nicht noch mehr Gifte nachgewiesen werden können, liegt nur daran, daß die Wasserchemiker nur für einen Bruchteil der zugelassenen Wirkstoffe über praktikable Nachweisverfahren verfügen.

1.2.2.2. Gülle-Problem

Um die großen Mengen an Fleisch zu erzeugen, die heute konsumiert werden, bedarf es vieler Tiere. Und viele Tiere produzieren viele Exkremente. Und diese Exkrementenflut hat katastrophale ökologische Folgen: Die Gülle, so wird das flüssige Gemisch aus Harn und Kot bezeichnet, zerstört, auf den Feldern ausgebracht, den Boden, vernichtet Pflanzen- und Tierarten und verseucht das Grundwasser mit Nitrat, Schwermetallen und Mineralien. Zusätzlich schädigen die Ammoniakgase der Gülle auch noch den Wald.

1.2.2.3. Regenwald-Zerstörung

Wie bereits oben angedeutet, sind die ökologischen Folgen des Fleischessens enorm vielschichtig und vernetzt, so daß wir in diesem Rahmen lediglich punktuell auf einige negative Implikationen hinweisen können. Dies gilt insbesondere für die Zerstörung des tropischen Regenwaldes.

Daß die Vernichtung des Regenwaldes verheerende ökologische Folgen hat, braucht heute, Gott sei Dank, nicht mehr besonders betont zu werden, da darüber in den Medien hinreichend berichtet wurde und wird. Es sei hier nur an die Stichworte Dürre- und Flutkatastrophen und Treibhaus-Effekt erinnert. Eine der Hauptursachen für die Regenwald-Zerstörung ist die Gewinnung von Land für die Rinderzucht, d. h. für die Fleischproduktion.

1.2.3. Krankheit

Um zu zeigen, daß eine vegetarische Ernährung aus gesundheitlichen Gründen dem Fleischessen vorzuziehen ist, bedarf es heute keiner besonderen Überzeugungskraft mehr. Aufgrund intensiver Forschungen sowie aufgrund der breiten Diskussion von deren Ergebnissen hat sich in den letzten Jahrzehnten die öffentliche Meinung und das allgemeine Bewußtsein diesbezüglich vollkommen gewandelt: Während man früher, einer archaisch-kannibalistischen Primitiv-Psychologie folgend, Fleisch mit Kraft und Gesundheit identifizierte, weiß heute jeder, daß man umso gesünder lebt, je *weniger* Fleisch man ißt. Hinzu kommt natürlich noch die Tatsache, daß die aufgezeigten *ökologischen* Implikationen der Fleischproduktion auch nicht gerade gesundheitsfördernd sind.

Da es diesbezüglich ohnehin reichhaltiges Informationsmaterial gibt, wollen wir auf Einzelheiten darüber, womit die Tiere während der Aufzucht vollgepumpt werden (unter anderem mit Tranquilizern, Antibiotika und Hormonen) und was wir beim Verzehr von Fleisch- und Wurstprodukten unfreiwillig noch so alles zu uns nehmen (unter anderem Haut, Knochenmehl und Abszesse), nicht eingehen.

1.3. Fazit

Die *Absurdität* des ganzen Unternehmens Fleischessen besteht, wie leicht zu sehen ist, darin, daß es nicht nur den Tieren unendliches Leid zufügt, sondern auch dem Menschen in vielfältiger Weise schadet.

Das einzige, was auf der Positivseite, sozusagen, noch verbleibt, der einzige Vorteil, ist, daß wir sagen: „Es schmeckt halt so gut!" Daß bei dieser Faktenlage keine vernünftige *moralische* Rechtfertigung des Fleischessens mehr möglich ist, sieht man nun aber auch ohne besonders geschärften ethischen Blick. Denn die Wahrheit ist ebenso einfach wie brutal: auf der einen Seite ein *kurzfristiger* Gaumenkitzel für den Menschen, auf der anderen Seite *lebenslanges* Leiden für die Tiere.

Angesichts dieser Faktenlage gibt es nur mehr einen theoretischen Ausweg aus der moralischen Klemme: Das

Leiden der Tiere muß irgendwie aus der Welt geschafft werden. Denn bei diesem grotesken Mißverhältnis zwischen tierlichem Leiden und menschlichen Gaumenfreuden läßt sich auch mit den absurdesten Verrenkungen keine moralische Rechtfertigung mehr zusammenzimmern. In dieser prekären Situation des akuten moralischen Rechtfertigungsbedarfs wird das sogenannte „humane Schlachten" herbeiphantasiert.

2. Märchen vom humanen Schlachten

Wir wollen uns im folgenden diesen häufig beschworenen letzten Ausweg aus dem moralischen Dilemma genau und differenziert ansehen. Dabei geht es konkret um die Frage: Ist es möglich, die Tiere, deren Leichen wir zu essen wünschen, leidensfrei aufzuziehen und umzubringen? Zunächst wollen wir uns dem technischen Aspekt dieser Frage zuwenden:

2.1. Technischer Aspekt

2.1.1. Massentierhaltung

Leidensfreie Methoden für Aufzucht, Transport und Schlachtung für die *Milliarden* von Tieren, die heute jährlich „verarbeitet" werden, sind ganz bestimmt *niemals realisierbar*, und zwar aus (mindestens) einem ganz einfachen Grund: Sie wären nicht bezahlbar. Die Idee einer leidensfreien „Tierproduktion" großen Stils ist *mindestens* ebenso unrealistisch wie die Forderung, bei der Erzeugung industriell gefertigter Massenwaren (seien es nun Kugelschreiber, Schuhe, Autos oder irgendwelche anderen Güter) für jedes einzelne Stück die gleiche Aufmerksamkeit und Sorgfalt aufzuwenden, wie dies beim Herstellen von teuren exklusiven Sonderanfertigungen der Fall ist. Und, man muß daran erinnern: Tiere sind, auch wenn sie heute „produziert" und „verarbeitet" werden, keine industriellen Rohstoffe, sondern noch immer lebende, fühlende und leidensfähige Wesen!

2.1.2. „Biologische" Tierzucht

Die von einzelnen Kleinbetrieben heute praktizierte „biologische" Tierzucht, bei der die Tiere unter natürlichen Bedingungen aufgezogen werden *sollen*, ist, im optimalen Fall, zwar eine wesentliche Verbesserung für die betroffenen Tiere, aber dennoch weit davon entfernt, eine *prinzipielle* Veränderung ihres Schicksals zu bedeuten, geschweige denn ein *leidensfreies* Leben und Sterben zu gewährleisten:

- Das Motiv, diese Form der Tierzucht zu betreiben, ist nicht primär ein moralisches, sondern ein ökonomisches: das Füllen der Marktlücke in bezug auf „biologisches" Fleisch.
- Der Zweck dieser Form der Tierzucht ist der gleiche wie der der „normalen" Tierzucht: die kommerzielle Vermarktung von Tieren.
- Die Personen, die diese Form der Tierzucht

betreiben, sind zum Teil solche, die früher selbst Intensiv-Tierzucht betrieben oder dies in anderen Bereichen, d. h. mit anderen Tieren, noch immer tun. Und: Wer würde schon sein Kind jemandem anvertrauen, der ein professioneller Folterknecht war oder ist, der nun aber gerade (auch) einen Kindergarten eröffnet hat!

- Schließlich und vielleicht am wichtigsten: Selbst wenn man es bei all den Bemühungen der „Öko-Bauern" um Tierschutz und „Tiergerechtigkeit" fast vergessen könnte: Auch diese Tiere werden *geschlachtet*, bevor wir ihr gesundes, natürliches Fleisch konsumieren können. Und die „biologische" Tierzucht bzw. Nutztierhaltung unterscheidet sich von der üblichen, wie schon der Name sagt, vor allem in bezug auf die Aufzucht und Haltung, *nicht* in bezug auf die *Schlachtung*! Dies ist auch konsequent und entspricht dem Anspruch und der Werbung der Produzenten: Im Vordergrund steht ja nicht der Wunsch, Tiere glücklich zu machen – dafür gäbe es vielleicht geeignetere Methoden! -, sondern die Bestrebung, für den Menschen gesundes Fleisch zu erzeugen. Aber selbst wo diese alternativen Fleischproduzenten auch bei der Schlachtung versuchen *sollten*, „tiergerecht" zu handeln – was immer dies in diesem Zusammenhang auch bedeuten soll –, d. h. selbst wo die Tiere das seltene Glück haben *sollten*, weder industriell noch „traditionell“, sondern „individuell“ geschlachtet zu werden, bleibt die Tatsache bestehen, daß sich das Umbringen nun ein mal nur in recht engen Grenzen „biologisch“ gestalten läßt!

2.1.3. Tierzucht in kleinstem Rahmen

In *kleinstem* Rahmen *könnte* es möglich sein, Fleisch auf eine Weise zu produzieren, die den betreffenden Tieren kein Leiden verursacht. Voraussetzung dafür wäre natürlich, daß das leidensfreie Leben und Sterben der Tiere ausdrücklich und konsequent *angestrebt* wird (was heute so gut wie nirgends der Fall ist). Was das Schlachten anbelangt, ist die Vorstellung von einer leidensfreien Fleischproduktion allerdings wahrscheinlich kaum mehr als eine *logische* Möglichkeit. Die Idee von einem „humanen“, leidensfreien Schlachten ist höchstwahrscheinlich ein Hirngespinst, Ausfluß irrationalen Wunschdenkens. Vermutlich hat Magnus Schwantje recht, wenn er schreibt:

„Es ist lächerlich, daß viele Fleischesser behaupten, durch den Betäubungs-Zwang könne man die Schlachtung so schmerzlos machen, daß die Schlachttiere eigentlich zu beneiden seien, weil sie einen so leichten Tod stürben. Das ist eine beinahe ebenso unsinnige Ansicht wie die, daß durch das Rote Kreuz und durch völkerrechtliche Vereinbarungen über sogenannte ‘humane‘ Kriegsführung der Krieg seine Schrecken verlieren könne. Das Schlachten in den Schlacht*häusern* kann ebenso wenig 'humanisiert' werden wie das Schlachten auf den Schlacht*feldern*".

2.2. Psychologischer Aspekt

Aber selbst wenn es – in kleinstem Rahmen – *technisch* möglich sein sollte, Tiere leidensfrei aufzuziehen und umzubringen, wären wir *psychologisch*, als Menschen, nicht in der Lage, dieses technisch Mögliche auch zu realisieren:

2.2.1. Motivation des Personals

Während die Leiden verursachende Behandlung der Tiere automatisch, „von selbst" funktioniert – weil sie aufgrund von Gleichgültigkeit, Bequemlichkeit und / oder Profitstreben erfolgt –, bedarf es bei der humanen Behandlung der Tiere der Anstrengung und der Bemühung. Und wenn diese Anstrengung und Bemühung um eine humane Behandlung der Tiere konsequent aufrechterhalten werden soll, d. h. wenn sichergestellt werden soll, daß die zu befolgenden Maßnahmen und Regeln nicht in mechanischer Routine (die zwangsläufig zu Nachlässigkeiten und Schlampereien führt), sondern in bewusster Pflichterfüllung erfolgen, dann bedarf es bei den betreffenden Personen der Einsicht in den *Sinn* des gesamten Prozesses, in den *Sinn* des Zieles, zu dessen Realisierung sie beitragen sollen. Genau diesen Sinn gibt es aber nicht:

2.2.2. Logik des Gesamtkontexts

Die humane Behandlung der Tiere, die für unsere Ernährung bestimmt sind, widerspricht *tatsächlich* der Logik des Gesamtkontexts: Warum sollte man sich um die physische und psychische Gesundheit von Wesen bemühen, deren einziger Zweck untrennbar mit ihrem baldigen Tod verbunden ist? Es widerspricht ja auch allen unseren Intuitionen, einem zum Tode Verurteilten noch kurz vor der Hinrichtung eine aufwendige und teure medizinisch-psychologische Behandlung zuteil werden zu lassen, da das Schicksal des Betreffenden, einmal festgelegt, alle vorhergehenden Bemühungen ohnehin zunichte macht und damit ad absurdum führt.

So kommen wir zu dem überraschenden Ergebnis, daß es gerade die theoretisch denkbaren Methoden einer *leidensfreien* Aufzucht und Tötung von Tieren sind, die die Absurdität des Tötens ohne Notwendigkeit auf besonders drastische Weise enthüllen: durch die eklatante Diskrepanz zwischen liebevoller Pflege und eigentlichem Ziel. Wir haben es hier mit einer Situation zu tun, die prinzipiell nicht weniger absurd und grotesk ist, als wenn man die eigenen Kinder nach liebevoller und aufopfernder Erziehung und Pflege umbringen würde.

2.2.3. Parteilichkeit des Konsumenten

Aber selbst wenn es uns gelänge, diesen fundamentalen Widerspruch zu verdrängen bzw. trotz dieses Widerspruchs die Tiere human zu behandeln, würden wir durch einen anderen, viel trivialeren Grund daran gehindert, ein leidensfreies Leben und Sterben der Tiere, die wir essen, gewährleisten zu können: Aufgrund unserer *Parteilichkeit*, die aus unserem Interesse am Fleisch der Tiere resultiert, sind wir unfähig, die Lage der Tiere *objektiv* zu beurteilen. Und damit sind wir automatisch auch unfähig, die Leidensfreiheit bei Aufzucht und Schlachtung sicherzustellen. Peter Singer schreibt in diesem Zusammenhang:

„Praktisch und psychologisch ... ist es unmöglich, in seinem Interesse an nichtmenschlichen Lebewesen konsequent zu sein, während man fortfährt, sie zum Abendessen zu verspeisen. Wenn wir bereit sind, einem anderen Lebewesen das Leben zu nehmen, nur um unsere Vorliebe für eine bestimmte Art von Nahrung zu befriedigen, dann ist dieses Wesen nicht mehr als ein Mittel zu unserem Zweck. Mit der Zeit gelangen wir dahin, daß wir Schweine, Rinder und Hühner als Gegenstände zu unserem Gebrauch betrachten, ganz gleich, wie groß unser Mitgefühl sein mag; und wenn wir feststellen, daß es, damit wir weiterhin die Körper dieser Tiere zu einem Preis erhalten, den wir bezahlen können, notwendig ist, deren Lebensbedingungen ein wenig zu verändern, so werden wir diese Veränderungen wohl kaum allzu kritisch unter die Lupe nehmen. ... Unsere Eßgewohnheiten sind uns lieb und teuer und nicht leicht zu verändern. Wir haben ein starkes Interesse daran, uns selbst davon zu überzeugen, daß unser Mitfühlen mit anderen Lebewesen nicht erfordert, daß wir aufhören, sie zu essen. *Niemand, der die Gewohnheit hat, Tiere zu essen, kann ganz ohne Vorurteil sein bei seinem Urteil darüber, ob die Bedingungen, unter denen dieses Tier aufgezogen wird, ihm Leiden verursachen.*" (Erster Satz im Original hervorgehoben, letzter Satz von mir hervorgehoben, H. F. K.)

2.3. Vorläufige Zusammenfassung und Bewertung

Fassen wir die bisherigen Ausführungen über das Fleischessen einmal kurz zusammen:

- Der Status quo bringt für Mensch und Tier nur Nachteile.
- Alle Bemühungen, die Situation der Tiere prinzipiell zu verbessern, sind aus technischen, ökonomischen und psychologischen Gründen von vornherein zum Scheitern verurteilt.

Wagen wir eine vorläufige Bewertung im Lichte des Titels: *Fleischessen – Notwendigkeit, Wahnsinn oder Verbrechen?*

Notwendigkeit: Also von einer Notwendigkeit des Fleischessens ist nun wirklich weit und breit keine Spur. Es sei denn, wir nehmen zu ausgesprochen abwegigen Begründungen Zuflucht, wie z. B. Arbeitsplatzsicherung: Wir müssen Fleisch essen, weil sonst die Arbeitsplätze in der Fleischindustrie verlorengingen. Aber wenn wir uns diese Position zu eigen machen, dann dürfen wir auch keine Aufklärung über die Schäden des Rauchens mehr erlauben, da diese die Arbeitsplätze in der Tabakindustrie gefährdet.

Wahnsinn: Da kommen wir schon eher hin: Wenn wir an einer Gewohnheit festhalten, die uns selbst in vielfältiger Weise schädigt, unsere Umwelt massiv vergiftet und niemandem nützt, dann kann man das nur mehr als Wahnsinn bezeichnen. Aber damit ist unser Verhalten noch nicht hinreichend bewertet, denn: Wir leisten uns diesen Wahnsinn *auf Kosten* von anderen: auf Kosten des unendlichen Leidens der Tiere. Womit wir beim *Verbrechen* wären, denn: Ohne jede Notwendigkeit anderen extremes, lebenslanges Leiden zuzufügen, muß man wohl als Verbrechen bezeichnen.

Die Frage nach der persönlichen Rolle und der persönlichen Schuld des einzelnen bei diesem Verbrechen möchte ich hier nicht weiter behandeln, da dies ein eigenes Thema wäre. Ich möchte in diesem Zusammenhang lediglich Max Horkheimer kurz zitieren:

„Zwischen der Ahnungslosigkeit gegenüber den Schandtaten in totalitären Staaten und der Gleichgültigkeit gegenüber der am Tier begangenen Gemeinheit ... besteht ein Zusammenhang. Beide leben vom sturen Mittun der Massen bei dem, was ohnehin geschieht.“

Angesichts einer so ungeheuerlichen Situation: tägliches millionenfaches, sinnloses Hinschlachten von leidensfähigen Lebewesen – angesichts einer so ungeheuerlichen Situation ist es natürlich naheliegend zu fragen: Wie kann eine solche „Kulturstufe“ überwunden werden. Voraussetzung dafür, etwas überwinden zu können, ist zunächst einmal immer, daß man es wirklich versteht. Deshalb möchte ich mich abschließend um eine historische und philosophische Einordnung des Fleischessens bemühen.

Dabei möchte ich auf die Diskussion im angelsächsischen Raum zurückgreifen. Dort gibt es nämlich, in eklatantem Gegensatz zu uns, seit etwa zwanzig Jahren eine lebhafte Diskussion über die *ethischen* Aspekte des Fleischkonsums. Bei uns beschränken sich kritische Überlegungen zum Fleischessen ja fast ausschließlich auf ökonomische und gesundheitliche Fragen. Ich möchte versuchen, das bzw. ein Ergebnis dieser Diskussion im englischsprachigen Raum zusammenzufassen:

3. Zusammenhang zwischen Rassismus, Sexismus und Speziesismus

3.1. Theoretische Erklärung

Zunächst dürfen wir Fleischessen nicht als isoliertes Phänomen betrachten. Vielmehr ist Fleischessen lediglich *eine* Manifestationsweise einer umfassenden *Ideologie*. Andere Manifestationen dieser Ideologie sind z. B. unser Umgang mit Tieren im Zusammenhang mit Tierversuchen, Pelzzucht und Jagd. Der Kern dieser Ideologie ist unsere grundlegende Einstellung gegenüber Tieren als Lebewesen, die wir bedenkenlos ausbeuten dürfen.

Diese Ideologie, die unserem Handeln gegenüber Tieren zugrunde liegt, wird in Anlehnung an Rassismus und

Sexismus als *„Speziesismus"* bezeichnet, abgeleitet vom Wort „Spezies", also Art. „Speziesismus" ist nun alles andere als ein neuer, überflüssiger Ismus. Vielmehr handelt es sich hier um einen notwendigen Begriff zur Erfassung *vorhandener* Mißstände.

Um zu begreifen, was unter Speziesismus konkret gemeint ist, wollen wir uns zunächst Rassismus und Sexismus näher ansehen. Was ist denn eigentlich falsch an Rassismus und Sexismus? Was ist falsch an der Sklaverei oder an der Unterdrückung von Frauen? Falsch an Rassismus und Sexismus ist, daß hier ein *biologisches* Merkmal – Rasse und Geschlecht – herausgegriffen und zur Grundlage einer *moralischen* Diskriminierung gemacht wird. Also: „Weil du eine schwarze Haut hast, dürfen wir dich als Sklaven halten." „Weil du eine Frau bist, darfst du nicht zur Wahl gehen."

Der Speziesist macht genau das gleiche: Er greift die biologische Artzugehörigkeit heraus und macht *sie* zur Grundlage einer moralischen Diskriminierung: „Weil du zu einer anderen Art gehörst, können wir mit dir machen, was wir wollen: lebenslang einsperren, schmerzhafte Experimente durchführen und dich auffressen."

Das Falsche, das Verwerfliche ist in allen drei Fällen das gleiche: Es wird eine *moralische* Bewertung vorgenommen aufgrund eines Merkmals, das moralisch eigentlich völlig *bedeutungslos* ist. Hautfarbe, Geschlecht und Artzugehörigkeit sind gleichermaßen untaugliche Kriterien für eine moralische Bewertung. Das ist reiner Zynismus, blanke Willkür, tiefer Irrationalismus.

Diese Erkenntnis ist im übrigen gar nicht so neu! Bereits vor über 200 Jahren hat der berühmte englische Philosoph Jeremy Bentham auf die prinzipielle Gleichartigkeit und Gleichwertigkeit von Rassismus und Speziesismus hingewiesen - wenn auch noch nicht in der heutigen Terminologie. Ich möchte dies anhand eines kurzen Zitats belegen. Bentham kritisiert hier zunächst indirekt die Briten, die noch immer Sklaverei betrieben, während die Franzosen die Sklaven bereits befreiten:

„Die Franzosen haben bereits entdeckt, daß die Schwärze der Haut kein Grund dafür ist, jemanden schutzlos der Laune eines Peinigers auszuliefern. Es mag der Tag kommen, da man erkennt, daß die Zahl der Beine, der Haarwuchs oder das Ende des os sacrum gleichermaßen unzureichende Gründe sind, ein fühlendes Wesen demselben Schicksal zu überlassen. Was sonst ist es, das hier die unüberwindbare Trennlinie ziehen sollte? Ist es die Fähigkeit zu denken oder vielleicht die Fähigkeit zu sprechen? Aber ein ausgewachsenes Pferd oder ein Hund sind unvergleichlich vernünftigere Lebewesen als ein Kind, das erst einen Tag, eine Woche oder selbst einen Monat alt ist. ... Die Frage ist nicht: können sie *denken*? oder: können sie *sprechen*?, sondern: können sie *leiden*?"

Hier spricht Bentham es mit aller Deutlichkeit aus: Haarwuchs oder Zahl der Beine, sprich: die Zugehörigkeit zu einer bestimmten Spezies taugt als moralisches Kriterium ebenso wenig wie die Hautfarbe.

Speziesismus befindet sich logisch und ethisch auf derselben Ebene wie Rassismus und Sexismus und ist deshalb ebensowenig zu rechtfertigen wie diese. Und so wie wir in der Vergangenheit eingesehen haben, daß Rassismus und Sexismus falsch sind, so besteht der nächste logische, konsequente und notwendige Schritt darin, den Speziesismus als irrational zu erkennen und zu überwinden.

3.2. Praktisches Beispiel

Ich möchte es aber nicht bei diesen theoretischen Ausführungen bewenden lassen. Abschließend soll das bisher Gesagte durch ein praktisches Beispiel veranschaulicht werden. Es soll die Parallele zwischen Rassismus und Speziesismus weiter herausgearbeitet werden. Konkret soll die Parallele zwischen dem Umgang der Nazis mit KZ-Insassen und unserem Umgang mit Tieren verdeutlicht werden. Ich zitiere zunächst kurz aus einer Beschreibung von Auschwitz durch Hermann Langbein:

„Auschwitz war das größte Vernichtungslager des Nationalsozialismus. Da es nun das bekannteste ist und der Mechanismus der Massentötung überall nach ähnlichem Schema organisiert wurde, möge es hier für alle stehen. (...) Die Berichte, die man ... lesen kann, mögen allerdings dazu verleiten, über schaurigen Einzelheiten den noch schwerer faßbaren Alltag in Auschwitz zu übersehen.

Man hört, wie Kaduk einen Häftling aus einer Laune heraus zu Tode getrampelt hat, welche Folter Boger ersonnen hat, wie Klehr einen nach dem anderen durch Giftinjektionen ins Herz tötete. Und man könnte daraus den Schluß ziehen: Das war Auschwitz. (...)

Aber so einfach darf man es sich nicht machen. Das für die nationalsozialistischen Vernichtungslager typische Verbrechen war nicht die brutale Aktion einzelner. Zum Alltag von Auschwitz gehörte der - in der Regel völlig leidenschaftslos durchgeführte, exakt organisierte, routiniert eingespielte – Massenmord an Tausenden ... (...) Die SS-Mannschaft war daran interessiert, die Tötungsaktion möglichst reibungslos abzuwickeln. Jeder einzelne hatte dabei seinen Platz, kannte seine Pflichten und führte, was die Führung von ihm erwartete, in der Regel routiniert und mit derselben inneren Einstellung aus, die etwa ein Postbeamter hat, der stolz darauf ist, daß die Paketabfertigung klappt. (...) Neben dieser industriell organisierten Massentötung fielen die Einzelmorde der Kaduk oder Boger nicht ins Gewicht, mögen diese SS-Männer auch noch so fleißig gewesen sein."

Genau dieses Moment des emotionslosen, institutionalisierten Massenmordes ist es auch, das unseren heutigen Umgang mit Tieren bestimmt. Nicht einzelne, spektakuläre, mit besonderem Sadismus begangene Grausamkeiten sind das wirklich Typische und Charakteristische am Speziesismus, sondern die routinemäßige, emotionslose und selbstverständliche Ausbeutung und Vernichtung.

Die Parallelen zwischen unserem heutigen Umgang mit Tieren und der Judenvernichtung sind geradezu *unheim-*

lich. Mit Recht hat der Nobelpreisträger Isaac B. Singer, selbst Jude, geschrieben: „Wo es um Tiere geht, wird jeder zum Nazi ... Für die Tiere ist jeden Tag Treblinka." Liest man sich Berichte über die Massenvernichtungen der Nazis und über die heutigen Massenvernichtungen von Tieren in Forschungslabors, Farmen und Schlachthäusern durch, so kommt man unweigerlich zu dem Schluß, daß die Parallelen zwischen der Behandlung der Juden durch die Nazis und unserer heutigen Behandlung der Tiere buchstäblich *lückenlos* sind. In beiden Fällen haben wir die gleiche Geschäftsmäßigkeit und Emotionslosigkeit, die gleiche wissenschaftliche Optimierung und Selbstverständlichkeit des Tötens. *Alles, was die Nazis den Juden angetan haben, praktizieren wir heute mit den Tieren.*

Menschenwürde und Tierrechte

Menschenwürde und *Menschenrechte* erfreuen sich heute einer allgemeinen und globalen Anerkennung. Kaum ein Staat, unabhängig von seiner ideologischen Ausrichtung und seinem ökonomischen Entwicklungsstand, kann oder will es sich leisten, auf die – zumindest formelle – Respektierung von Menschenwürde und Menschenrechten zu verzichten. (Vgl. Pietzcker, 1981, S. 5, 103; Robertson, 1982, S. 1; Schwartländer, 1978, S. 9; Ermacora, 1983, S. 33 f.)

Der altruistisch-progressive Aspekt von Menschenwürde und Menschenrechten

Das Sicheinsetzen für alle Menschen, unabhängig von Staatszugehörigkeit und -grenzen, wie es dem Gedanken von Menschenwürde und Menschenrechten entspricht, ist ohne Zweifel richtig, wichtig und begrüßenswert. Zu Recht stellt Peter Singer (1982) fest, daß es sehr liberal und progressiv sein kann, „von der Würde aller menschlichen Wesen zu sprechen. Damit verurteilen wir implizit Sklaverei, Rassismus und andere Verstöße gegen die Menschenrechte. Wir geben zu, daß wir selbst in einem fundamentalen Sinne den ärmsten, unwissendsten Angehörigen unserer eigenen Art gleich sind." (S. 267) Darüber hinaus ist es eine historische Tatsache, daß die Idee von Menschenwürde und Menschenrechten und der Glaube an Menschenwürde und Menschenrechte praktisch-politisch sehr wirksam waren. „Die Idee der Menschenrechte hat sich als eine hervorragende Waffe gegen Sklaverei, Rassismus, Sexismus und ähnliche Diskriminierungen erwiesen." (Rachels, 1976, S. 205; übers. v. H. F. K.)

Der egoistisch-aggressive Aspekt von Menschenwürde und Menschenrechten

Bei all den begrüßenswerten und fortschrittlichen Aspekten und Auswirkungen des Glaubens an Menschenwürde und Menschenrechte darf aber andererseits nicht übersehen werden, daß beide Begriffe nicht der Aggressivität entbehren: Menschenwürde und Menschenrechte kommen eben *nur* Menschen zu, während alle anderen Lebewesen ausgegrenzt werden. Es muß *auch* gesehen werden, „daß wir, indem wir unsere eigene Art erheben, gleichzeitig den relativen Status aller anderen Arten erniedrigen" (Singer, 1982, S. 267).

Der selbstgefällig-lächerliche Aspekt von Menschenwürde und Menschenrechten

Der eben beschriebene artegoistisch-aggressive Aspekt von Menschenwürde und Menschenrechten wird aber weitgehend verdeckt durch ein – zumindest für den kritischen Beobachter – viel auffälligeres Phänomen, nämlich durch die oft nur mehr als läppisch zu bezeichnenden Versuche, Menschenwürde und Menschenrechte irgendwie zu begründen. Dies ist eine Folge des Umstands, daß Menschenwürde heute dem Menschen weitgehend verdienstunabhängig zugeordnet wird (und daß sie als Grundlage für die Menschenrechte angesehen wird). Die frühere Vorstellung von einer individuellen Menschenwürde, die man gewinnen, aber auch wieder verlieren kann, ist nur mehr unterschwellig vorhanden. (Teutsch, 1987 b, S. 136) Angesichts der Tatsache, „daß jedes Merkmal, das *allen* Menschen gemeinsam ist, ... nicht *nur* den Menschen gemeinsam ist" (so können z. B. alle Menschen, aber nicht nur Menschen, Schmerz empfinden; und nur Menschen können schwierige mathematische Probleme lösen, aber nicht alle können das) (Singer, 1982, S. 265), ergeben sich beim Versuch der Begründung von Menschenwürde und Menschenrechten naturgemäß Schwierigkeiten:

„Angesichts einer Situation, in der sie die Notwendigkeit einer gewissen Grundlage für den moralischen Graben erkennen, der gewöhnlich zwischen Menschen und Tieren angenommen wird, aber keinen konkreten Unterschied finden können, der dies begründet, ohne die Gleichheit der Menschen zu unterminieren, neigen die Philosophen zum Schwafeln" (Singer, 1982, S. 266).

Da ist dann die Rede von den *„unverletzlichen und unveräußerlichen Menschenrechten"* (Artikel 1, Absatz 2 des Grundgesetzes der Bundesrepublik Deutschland, zitiert nach Simma / Fastenrath, 1985, S. 403), von der *„allen Mitgliedern der menschlichen Familie innewohnenden Würde* *und ihrer gleichen und unveräußerlichen Rechte"* (Präambel der Allgemeinen Erklärung der Menschenrechte vom 10. Dezember 1948, zitiert nach Pietzcker, 1981, S. 106), von den *„angeborenen und unveräußerlichen Rechten, die dem einzelnen ... kraft seines Mensch-Seins zustehen"* (Brockhaus Enzyklopädie, 1971, „Menschenrechte") usw. Geradezu unerträglich wird es dann im Zusammenhang mit der Menschenwürde. Hier hören wir von der *„Würde und dem Wert der menschlichen Person"* (Präambel der Allgemeinen Erklärung der Menschenrechte vom 10. Dezember 1948, nach Pietzcker, 1981, S. 106), von der *„unantastbaren und unaufgebbaren Würde eines jeden Menschen"* (Schwartländer, 1978, S. 10), von der *„unantastbaren einzigartigen Würde der menschlichen Person"* (Hilligen / Neumann, 1980, S. 9), ja sogar von der *„Kostbarkeit und Würde der Person"* (Johannes B. Lotz, zitiert nach Rhonheimer, 1986, S. 120). Und dies alles ohne jegliche vernünftige Begründung!

Wenngleich die Menschenwürde überall in höchsten Tönen gepriesen wird, ist dennoch kaum zu erfahren, was es mit ihr eigentlich auf sich hat. „Es scheint, als sei allen der Begriff Menschenwürde so klar, so daß man nicht darüber zu sprechen brauche" (Schmitz-Moormann, 1979, S. 8). Das einzige, was über die Menschenwürde im Zusammenhang mit diesen pathetischen Prädikationen definitiv in Erfahrung zu bringen ist, ist, daß sie „unantastbar" ist („Die Würde des Menschen ist unantastbar", Artikel 1, Absatz 1 des Grundgesetzes der Bundesrepublik Deutschland). Beim verzweifelten Versuch, das Geheimnis der Menschenwürde tiefer zu ergründen, kann sich einem zuweilen gar der Verdacht aufdrängen, daß es mit der Unantastbarkeit der menschlichen Würde eine fatale Bewandtnis haben könnte: Vielleicht ist sie nur deshalb unantastbar, weil es sie gar nicht gibt!

Andererseits: „Warum sollten wir uns nicht selbst 'innere Würde' oder 'inneren Wert' zuerkennen? Warum sollten wir nicht sagen, daß wir das einzige im Universum sind, was inneren Wert hat? Unsere Mitmenschen werden den Ritterschlag, den wir ihnen zubilligen, kaum zurückweisen, und diejenigen, denen wir die Ehre versagen, sind nicht in der Lage, Einwände dagegen vorzubringen." (Singer, 1982, S. 267) Es fragt sich nur, ob es von Würde zeugt, sich diese selbst in derart großzügiger und plumper Weise zu verleihen. Ja mehr noch: Es erhebt sich die Frage, ob das Sich-selbst-Würde-Zusprechen nicht mit dem Wesen des Würde-Habens in fundamentaler und eklatanter Weise unvereinbar ist! Jedenfalls erweist sich *diese* Art von menschlicher Würde als eine an Penetranz nicht mehr zu überbietende Form des Eigenlobes. Freilich: Wer sonst als wir selbst sollte oder hätte Anlaß, den Menschen zu loben und mit einer einzigartigen Würde auszustatten? So gesehen, entbehrt es vielleicht doch nicht ganz der Rationalität, wenn wir uns sicherheitshalber selbst Würde verleihen.

Notwendigkeit der Begründung der Menschenwürde

Wenn die Würde des Menschen nicht gänzlich der Bedeutungslosigkeit und Lächerlichkeit preisgegeben werden soll, wenn sie mehr sein soll als der letzte und sichere Rettungsanker für von Minderwertigkeitskomplexen geplagte Vertreter der menschlichen Spezies, so bedarf sie, zumindest ansatzweise, einer rationalen Begründung.

In welche Richtung diese Begründung gehen muß, zeigt Rolf Ginters (1982) auf, wenn er betont, daß Menschenwürde nicht nur damit zusammenhängt, daß es dem Menschen gut*gehe*, sondern vor allem damit, daß er gut *sei*. (S. 138, zitiert nach Teutsch, 1987 b, S. 13 f.) Ginters hebt den Umstand hervor, daß jeder Mensch, im Unterschied zum Tier, ein moralisches Wesen ist (ibid.), d. h. daß er fähig ist, moralisch relevante Situationen zu reflektieren, um dann in eigener Verantwortung Entscheidungen über sein Verhalten zu treffen. Die besondere Würde des Menschen scheint darin zu bestehen, „daß sein Leben nicht völlig darin aufgeht, als Exemplar seiner Gattung so glücklich wie möglich zu leben, sondern daß jedem einzelnen darüber hinaus eine spezifisch nur ihn betreffende Aufgabe zukommt, nämlich kraft seiner Freiheit ein im moralischen Sinn guter Mensch zu sein“ (ibid.).

Auch Robert Spaemann (1987) betont die Bedeutung, die der Freiheit im Zusammenhang mit der Würde zukommt. Würde liegt nach ihm „im Sich-zurücknehmen-Können, im Sein-lassen-Können als höchstem Ausdruck der Freiheit“ (S. 304): Während außermenschliche Wesen unausweichlich im Zentrum ihres eigenen Seins bleiben, kann der Mensch sich selbst und die eigenen Begierden, Interessen und Absichten relativieren und sich in den Dienst anderer stellen. (Ibid., S. 303) Der Mensch hat die

Fähigkeit, „einen nicht auf eigene Bedürfnisse bezogenen Wert anzuerkennen", die Fähigkeit, „sich sozusagen selbst von außen zu sehen, den eigenen Standpunkt zugunsten eines übersubjektiven zu relativieren" (Spaemann, 1984, S. 76). Menschen können etwas unterlassen, was sie gerne täten oder was ihnen nützte, weil es anderen schaden würde; und Menschen können etwas, was sie ungerne tun oder was ihnen schadet, dennoch tun, weil es einem anderen nützt oder ihm Freude bereitet. (Ibid.) Die Würde des Menschen gründet darin, daß er sich über seine eigene Interessenperspektive „zu einer Perspektive unparteilicher 'Gerechtigkeit' erheben kann" (ibid., S. 79).

Erheben *kann*! Das heißt aber auch, daß es eine Ungleichheit der Menschen in bezug auf ihre Würde gibt:

„Die Ungleichheit in der persönlichen Würde liegt begründet in der unterschiedlichen sittlichen Vollkommenheit der Menschen. Je befangener jemand ist in seiner natürlichen Subjektivität, je ausgelieferter an seine Triebe oder je fixierter auf seine Interessen, je distanzloser zu sich selbst, um so weniger Würde besitzt er." (Spaemann, 1987, S. 304)

All dies kann man auch, mit Friedrich Schiller, einfacher sagen: *Würde gewinnt der, dessen Pficht über seine Neigung siegt.*

Spaemann spricht zusätzlich auch noch von einem *Minimum an Würde*, das *allen* Menschen zukomme und das auch nicht verlierbar sei. Begründung: „Es ist unverlierbar, weil die Freiheit als mögliche Sittlichkeit unverlierbar ist" (ibid.). In der Tat wäre es, *wenn überhaupt*, nur in diesem Sinne sinnvoll, von einer allen Menschen in gleicher Weise zukommenden Würde zu sprechen. Aber diese Denk- und Formulierweise geht doch wider alle Vernunft! Warum sollte man zwei ganz verschiedene Dinge, die prinzipielle *Möglichkeit*, gut zu sein, und die tatsächliche *Verwirklichung* dieser Möglichkeit, mit ein und demselben Wort, „Würde", bezeichnen? Ebensogut könnte man jeden Menschen als Millionär oder Nobelpreisträger ansprechen, weil alle Menschen „im Prinzip" die Möglichkeit haben, viel Geld oder hohe Bildung zu erwerben!

Das soll selbstverständlich *nicht* heißen, daß wir nicht dennoch *allen* Menschen mit prinzipiellem Wohlwollen begegnen und sie als Träger von Rechten respektieren sollen! Diese Forderung aber mit „Würde" zu begründen, ist einerseits rational nicht nachvollziehbar und diskreditiert und verdunkelt andererseits jenen Sachverhalt, den mit „Würde" zu bezeichnen sinnvoll ist. Aber nochmals: Kein Mensch soll *schlechter behandelt* werden, es sollte lediglich der Grund für seine *gute* Behandlung *besser*, d. h. anders *benannt* werden!

Wenn nun auch Würde oder ein bestimmtes Maß an Würde ein Verdienst darstellt, das Menschen anderen Menschen voraushaben können – weil sie ihre Freiheit, gut zu sein, (besser) nützen –, so heißt dies nicht unbedingt, daß Würde ausschließlich Menschen zukommen könne. Vielmehr könnte man auch sagen, daß die Würde, die der Mensch erringen (und auch wieder verlieren) *kann*, dem

Tier *tatsächlich* allein kraft seines *Tierseins* zukommt, entsprechend Schillers (1969) Wort in bezug auf Pflanzen: „Suchst du das Höchste, das Größte? Die Pflanze kann es dich lehren. Was sie willenlos ist, sei du es wollend – das ist's !" (S. 114, „Das Höchste")

So könnte man vor dem Hintergrund der Tatsache, daß nur der Mensch die Fähigkeit zu eigenverantwortlichem sittlichem Handeln hat (und daher auch nur der Mensch die Aufgabe, gut zu sein, verfehlen kann), sagen, daß das eigentliche Spezifikum der menschlichen Würde darin besteht, daß sie erst verdient werden muß.

Wenn es Menschenrechte gibt, dann gibt es auch Tierrechte

Bevor wir uns der Frage nach den *Rechten* von Menschen und Tieren zuwenden, soll dafür sensibilisiert werden, daß Menschen *und* Tiere empfindende Lebewesen sind und daß wir diesem Umstand auch in unserem Verhalten gerecht werden müssen. So verweist Günther Patzig (1986) darauf, daß das Vernunftsprinzip mich verpflichtet, „Interessen, die ich bei mir selbst als realisierungswürdig betrachte, ebendeshalb auch bei allen anderen Individuen, die die gleichen Interessen haben, als realisierungswürdig anzuerkennen", wobei die Einschränkung auf den Menschen nicht gerechtfertigt ist, da meine Verhaltensnorm gegenüber allen Wesen gelten muß, die sich in einer vergleichbaren Situation befinden (S. 76 f., zitiert nach Teutsch, 1987 b, S. 82 f.): „Es scheint mir nicht rational begründbar, warum wir in Hinsicht auf den Anspruch auf Schmerzvermeidung einen radikalen Unterschied zwischen Menschen und nichtmenschlichen Lebewesen sollten machen dürfen, solange diese sich eindeutig so verhalten, daß wir annehmen müssen, auch sie könnten Schmerz und Lust, Behagen und Not, Lebensfreude und Angst empfinden“ (ibid.). Die Basis für diese Einstellung ist unser eigenes Interesse, Schmerz zu vermeiden, sowie das Vemunftprinzip, das besagt, daß ich jedem, der sich in einer vergleichbaren Lage befindet, ein entsprechendes Interesse zubilligen muß. (Ibid.)

Für Otfried Höffe (1984) ergeben sich aus dem „in jeder ethischen Rechtsbetrachtung unbestrittenen Gleichheitsgrundsatz “ zwei Forderungen: 1) Weil Menschen und Tiere sich in bezug auf die Schmerz- und Angstfähigkeit im Prinzip nicht unterscheiden, sind wir moralisch verpflichtet, diese Schmerz- und Angstfähigkeit nicht nur bei Menschen, sondern auch bei Tieren zu berücksichtigen. 2) Da andererseits aber nur der Mensch moralische Verantwortung tragen kann, „hat das Gebot als einzigen Adressaten (Subjekt) den Menschen, obwohl es als Anwendungsbereich (Objekt) auch die Tierwelt umfaßt“ (S. 85 f., zitiert nach Teutsch, 1987 b, S. 227).

Nun zur Frage nach den *Rechten* von Menschen und Tieren. Warum glauben wir, daß *Menschen* moralische Rechte haben? Der Kern der Antwort auf diese Frage liegt für Tom Regan (1983) in unserem Glauben daran, daß Menschen einen bestimmten *Wert*, einen inneren Wert („inherent value“), haben. Damit ist gemeint, daß jeder Mensch, unabhängig davon, ob er von jemandem *anderen* geschätzt oder sonst irgendwie bewertet wird (bzw. Gegenstand von irgendjemandes Interesse ist), einen *eigenen* Wert hat. Oder anders ausgedrückt: Daß Menschen einen inneren Wert haben, bedeutet, daß ihnen ein Wert zukommt, der nicht ausschließlich instrumenteller Natur ist: „Menschen haben Wert nicht nur weil und nicht nur solange sie für irgendetwas gut sind. Sie haben einen anderen, einen inneren Wert, unabhängig von ihrer Nützlichkeit und ihren Fähigkeiten." (S. 37; übers. v. H. F. K.) Menschen zu mißhandeln impliziert dann immer, sie so zu behandeln, als käme ihnen nur dann (und so lange) Wert zu, wenn sie die Interessen *anderer* befördern. Menschen zu mißhandeln bedeutet mit anderen Worten immer, ihren eigenständigen, inneren Wert zu mißachten. (Ibid.)

Dieser innere Wert des Menschen ist nun die Grundlage für seine *Rechte*: „Es sind Individuen, die inneren Wert haben, und es sind Individuen, die moralische Rechte haben; und es ist *weil* diese Individuen einen solchen Wert haben, daß sie ein moralisches Recht darauf haben, nicht in einer Weise behandelt zu werden, die diesen ihren Wert leugnet" (ibid. S. 38; übers. v. H. F. K.).

Worin besteht aber nun die *Grundlage* dafür, daß Menschen einen inneren Wert haben? Sie besteht darin, daß Menschen nicht nur lebendig sind, sondern *daß sie ein Leben haben*. Mehr noch: Wir sind Subjekte eines Lebens, das für uns besser oder schlechter ist, *unabhängig* davon, ob oder wie uns andere einschätzen (z. B. nützlich finden).[1]

Aus dieser Tatsache resultiert unser innerer Wert. Wir besitzen einen *eigenständigen* Wert, weil wir *selbst* Subjekte eines Lebens sind, an dem wir uns erfreuen oder an dem wir leiden. (Ibid., S. 38 f.) Zusammenfassend kann man sagen:

„Menschen haben inneren Wert, weil – logisch unabhängig von den Interessen anderer – jedes menschliche Individuum das Subjekt eines Lebens ist, das für dieses Individuum besser oder schlechter ist. Aufgrund dieses Wertes, den Menschen haben, ist es falsch (ein Zeichen von Respektlosigkeit und eine Verletzung von Rechten), sie so zu behandeln, als hätten sie lediglich einen Wert als Mittel (zum Beispiel menschliche Individuen nur dazu zu benützen, um die Freuden der Gruppe zu befördern). Insbesondere ist es eine Verletzung des Rechts, daß einem kein Leid zugefügt wird, wenn menschlichen Individuen um der Vorteile oder Freuden der Gruppe willen oder um deren Neugier zu befriedigen Leid zugefügt wird.“ (Ibid., S. 39; übers. v. H. F. K.)

Die Frage, die sich nun erhebt, ist, ob das, was bis jetzt in bezug auf die Rechte von *Menschen* gesagt wurde, auch für *Tiere* gilt. Die Antwort lautet: ja. Zumindest für jene zahlreichen Arten, deren Mitglieder wie Menschen Subjekte eines Lebens sind, das für sie besser oder schlechter ist, logisch unabhängig davon, ob und wie sie von irgendjemand anderem bewertet werden. Alle diese Tiere haben ebenfalls einen eigenständigen, inneren Wert. Sie haben ein Recht darauf, nicht in einer Weise behandelt zu werden, die diesen ihren inneren Wert mißachtet, „insbesondere haben sie, wie wir Menschen, das Recht, daß ihnen kein Leid zugefügt wird; und in ihrem Fall, wie in unserem, wird dieses ihr Recht in unentschuldbarer Weise verletzt, wenn ihnen Leid zugefügt wird, nur um die Vorteile oder Freuden von anderen (zum Beispiel von Menschen) zu befördern oder um deren Neugier zu befriedigen“ (ibid.; übers. v. H. F. K.).

Henry Salt (1976), ein englischer Menschen- und Tierfreund, der mit George Bernard Shaw und Gandhi befreundet war und diese auch maßgeblich beeinflußt hat, macht, den berühmten Historiker W. E. H. Lecky zitierend, folgenden Umstand zum Ausgangspunkt seiner Überlegungen zu Menschen- und Tierrechten: Unsere emotionale Reaktion auf das Ansichtigwerden tierlichen Leides unterscheidet sich nicht prinzipiell von unserer Reaktion auf das Gewahrwerden menschlichen Leides. Wenn dies so ist, fragt Salt: „Kann es denn ernsthaft bezweifelt werden, daß die gleiche humanitäre Tendenz, die bereits zur Befreiung der Sklaven geführt hat, am Ende auch den niedrigeren Arten zugute kommen wird?“ (S. 174; übers. v. H. F. K.)

Bereits Jeremy Bentham hatte auf die Parallelen zwischen Sklaven und Tieren hingewiesen: „Sklaven wurden einst vom Recht in exakt der gleichen Weise behandelt, wie Tiere in England nach wie vor behandelt werden“ (zit. n. Salt, S. 175; übers. v. H. F. K.). Diese unbestreitbaren Parallelen zwischen Sklaven und Tieren nimmt Salt zum Anlaß für einen historischen Rück- und Ausblick, um zu folgendem Ergebnis zu kommen:

„Die gegenwärtige Situation der höheren Haustiere ist in vielerlei Hinsicht sehr ähnlich der Situation der schwarzen Sklaven vor hundert Jahren: Schau zurück, und du wirst in ihrem Fall genau den gleichen Ausschluß aus dem Bereich allgemeiner humanitärer Überlegungen finden; dieselben heuchlerischen Täuschungsmanöver, um diesen Ausschluß zu rechtfertigen; und, als Folge hiervon, dieselbe bewußte, sture Verleugnung ihrer sozialen Rechte. Schau zurück in die Vergangenheit und dann nach vorn in die Zukunft, und die Schlußfolgerung ist ziemlich klar." (S. 174 f.; übers. v. H. F. K.)

Salt geht es, wie Regan auch, nicht darum zu „beweisen", daß Menschen und Tiere *„tatsächlich"* Rechte haben, sondern darum zu zeigen, daß, *wenn* Menschen Rechte haben, *dann* auch *Tieren* Rechte zuerkannt werden müssen: *„Wenn 'Rechte' überhaupt existieren ..., dann können sie vernünftigerweise nicht Menschen zuerkannt, aber Tieren abgesprochen werden"* (S. 176, Hervorhebung v. H. F. K.; übers. v. H. F. K.). Salt wendet sich mit Entschiedenheit gegen die Auffassung, daß die Rechte von Menschen und die Rechte von Tieren getrennt voneinander gesehen oder behandelt werden könnten: *„Beide Probleme können nur gemeinsam und durch unvoreingenommene, umfassende Erwägungen gelöst werden"* (S. 177, Hervorhebung v. H. F. K.; übers. v. H. F. K.).

James Rachels (1976) plädiert überhaupt dafür, anstatt von „menschlichen Rechten" und „tierlichen Rechten" nur mehr von „natürlichen Rechten" oder überhaupt nur mehr schlicht von „Rechten“ zu sprechen, da viele wichtige Rechte eben nicht nur Menschen, sondern auch Tieren zukommen. (S. 219 und passim) (Auf theoretische Fragen im Zusammenhang mit menschlichen und tierlichen Rechten soll hier nicht mehr eingegangen werden. Vielmehr sollen, wie schon am Beginn dieses Abschnitts, nochmals die hier relevanten faktischen Gemeinsamkeiten zwischen Menschen und Tieren, die Empfindungsfähigkeit im allgemeinen und die Leidensfähigkeit im besonderen, betont werden.)

So kann zwar beim Recht auf Glaubensfreiheit sinnvollerweise gesagt werden, daß es sich hier um ein spezifisch menschliches Recht handle - weil nur Menschen religiöse Gefühle haben. Von vielen anderen Rechten, z. B. vom Recht darauf, nicht gefoltert zu werden, kann dies vernünftigerweise aber nicht gesagt werden: Wenn Kaninchen, Schweine oder Affen gefoltert werden, leiden sie auch. Natürlich gibt es zwischen diesen Tieren und dem Menschen bedeutsame Unterschiede, aber sind diese Unterschiede hier relevant? Ein Mensch kann z. B. Mathematik lernen, Tiere nicht. Aber was hat das mit der Folter zu tun? „Ein Mensch hat ein Interesse daran, nicht gefoltert zu werden, weil er die Fähigkeit hat, Schmerzen zu empfinden, und nicht, weil er die Fähigkeit hat, Mathematik oder dergleichen zu betreiben“ (Rachels, 1976, S. 207; übers. v. H. F. K.). Aber Kaninchen, Schweine und Affen haben ebenfalls die Fähigkeit, Schmerz zu empfinden. Und deshalb haben sie dasselbe grundlegende Interesse wie Menschen, nicht gefoltert zu werden. „Deshalb kommt das Recht, nicht gefoltert zu werden, allen leidensfähigen Lebewesen zu und ist in überhaupt keiner Weise ein spezifisch menschliches Recht" (ibid.; übers. v. H. F. K.).

Ohne Respektierung der Tierrechte gibt es keine Menschenwürde

Oben haben wir gesehen, daß Würde derjenige gewinnt, der seine moralische Freiheit in moralisch positivem Sinne nützt: um gut zu sein bzw. – anders ausgedrückt – um seine Pflicht zu tun. Danach wurde deutlich, daß wir nicht nur gegenüber Menschen, sondern auch gegenüber Tieren Pflichten haben (ansonsten wäre es unsinnig, von tierlichen Rechten zu sprechen; vgl. hierzu auch das Zitat von Höffe, oben: Subjekt und Objekt des Gebotes, die Schmerz- und Angstfähigkeit zu berücksichtigen). Würde gewinnen oder haben impliziert daher, daß wir nicht nur die Pflichten gegenüber unseren Mitmenschen ernst nehmen, sondern auch die Pflichten gegenüber Tieren erkennen, akzeptieren und erfüllen.

„Tiere sind schwach", schreibt Spaemann (1979), „wer sie quält, wird nie befürchten müssen, daß ihm ein Rächer ersteht, der den Spieß eines Tages umdreht. Sie werden nie als Kläger auftreten, nie als Richter, nie als Wähler." Diese Schwäche hat etwas Bedrückendes an sich. „Es schmerzt mich", bekennt Elias Canetti (1973), „daß es nie zu einer Erhebung der Tiere gegen uns kommen wird, der geduldigen Tiere, der Kühe, der Schafe, alles Viehs, das in unsere Hand gegeben ist und ihr nicht entgehen kann" (zitiert nach Teutsch, 1987 a, S. 168). Aber gerade diese Schwäche und Hilflosigkeit der Tiere, der Umstand, daß sie nie in der Lage sein werden, „mit Wählerstimmen, Demonstrationen oder Bomben gegen ihre Lebensbedingungen zu protestieren" (Singer, 1982, S. 272), um so die Anerkennung ihrer Rechte selbst durchzusetzen, machen, wie Regan (1983, S. 43) bemerkt, unsere Verpflichtung ihnen gegenüber um so *größer*.

Anmerkung

[1] Um Mißverständnissen vorzubeugen: Damit ist natürlich nicht gemeint, daß andere Menschen keinen Einfluß auf die Qualität unseres Lebens haben. Das Gegenteil ist der Fall. Sowohl die größten Güter als auch die größten Übel des Lebens – Liebe, Freundschaft, Haß, Feindschaft usw. – implizieren natürlich Beziehungen zu anderen Menschen. „Was ich meine, ist vielmehr, daß der Umstand, daß wir *das Subjekt* eines Lebens sind, das für uns besser oder schlechter ist, logisch unabhängig ist davon, was andere für oder mit uns tun oder nicht" (ibid.; übers. v. H. F. K.).

Literatur

Brockhaus Enzyklopädie in 20 Bänden. Band 12. Wiesbaden: Brockhaus, 1971.

Canetti, Elias: *Die Provinz des Menschen*. München: Hanser, 1973 („Über den Wunsch nach einem Aufstand der Tiere").

Ermacora, Felix: *Menschenrechte in der sich wandelnden Welt.* Bd. II: Theorie und Praxis: Die Verwirklichung der Menschenrechte in Afrika und im Nahen Osten. Wien: Verlag der Österreichischen Akademie der Wissenschaften, 1983.

Ginters, Rudolf: *Werte und Normen. Einführung in die philosophische und theologische Ethik.* Göttingen: Vandenhoeck & Ruprecht, 1982.

Hilligen, Wolfgang, Neumann, Franz: *Menschenwürde.* Baden-Baden: Signal, 1980.

Höffe, Otfried: *Ethische Grenzen der Tierversuche.* In: Ursula M. Händel (Hrsg.): Tierschutz: Testfall unserer Menschlichkeit. Frankfurt: Fischer, 1984.

Patzig, Günther: *Der wissenschaftliche Tierversuch unter ethischen Aspekten.* In: Wolfgang Hardegg, Gert Preiser (Hrsg.): Tierversuche und medizinische Ethik. Hildesheim: Olms, 1986.

Pietzcker, Frank: *Entstehung und Entwicklung der Menschenrechte.* Frankfurt am Main: Diesterweg, 1981.

Rachels, James: *Do Animals Have a Right to Liberty?* In: Tom Regan, Peter Singer (eds.): Animal Rights and Human Obligations. Englewood Cliffs, N. J.: Prentice-Hall, 1976.

Regan., Tom: *Animal Rights, Human Wrongs.* In: Harlan B. Miller, William H. Williams (eds.): Ethics and Animals. Clifton, N. J.: Humana Press, 1983.

Rhonheimer, Daniel: *Das Recht des hilflosen Lebens: Zum Zusammenhang von Menschenrechten, Existenzrecht, Rechtsfähigkeit und Rechtsstaat.* In: Peter Paul Müllerschmid

(Hrsg.): Begründung der Menschenrechte. Stuttgart: Steiner, 1986.
Robertson, A. H.: *Human Rights in the World.* Manchester: Manchester University Press, ² 1982.
Salt, Henry S.: *Animals' Rights* [1912]. In: Tom Regan, Peter Singer (eds.): Animal Rights and Human Obligations. Englewood Cliffs, N. J.: Prentice-Hall, 1976.
Schiller, Friedrich: *Gedichte. Eine Auswahl.* Hrsg. v. Gerhard Fricke. Stuttgart: Reclam, 1969.
Schmitz-Moormann, Karl: *Menschenwürde – Anspruch und Wirklichkeit.* Zürich: Edition Interfrom, 1979.
Schwartländer, Johannes: Einleitung zu: Ders. (Hrsg.): Menschenrechte. Tübingen: Attempto, 1978.
Simma, Bruno, Fastenrath, Ulrich (Hrsg.): *Menschenrechte – Ihr internationaler Schutz.* O. O., Deutscher Taschenbuch Verlag, ² 1985.
Singer, Peter: *Befreiung der Tiere.* München: Hirthammer, 1982.
Spaemann, Robert: *Bestialische Quälereien Tag für Tag,* Deutsche Zeitung Christ und Welt, Sonderdruck aus der Nr. 33 des Jahres 1979.
Spaemann, Robert: *Tierschutz und Menschenwürde.* In: Ursula M. Händel (Hrsg.): Tierschutz: Testfall unserer Menschlichkeit. Frankfurt am Main: Fischer, 1984.
Spaemann, Robert: *Über den Begriff der Menschenwürde.* In: Ernst Wolfgang Böckenförde, Robert Spaemann (Hrsg.): Menschenrechte und Menschenwürde. Stuttgart: Klett-Cotta, 1987.
Teutsch, Gotthard M. (Hrsg.): *Da Tiere eine Seele haben ...*

Stuttgart: Kreuz, 1987 a.
Teutsch, Gotthard M.: *Mensch und Tier: Lexikon der Tierschutzethik.* Vandenhoeck & Ruprecht, 1987 b.

Die Grundlage der Tierrechtsbewegung

Jeder, dem die Tierrechtsbewegung am Herzen liegt, hat sich schon Gedanken darüber gemacht, wie ihre Zukunft wohl aussehen wird: Wann wird es den endgültigen Durchbruch geben? Wird es ihn überhaupt geben? Kann es ihn überhaupt geben? Harlan B. Miller hat auf einige interessante Aspekte und Tendenzen hingewiesen, die günstige Voraussetzungen für die weitere Entwicklung der Tierrechtsbewegung darstellen und schaffen.

Zunächst ist da einmal die moralische und politische Kraft der *Befreiungsbewegungen*, die auch der Befreiung der Tiere zugute kommt: Nach der (zumindest theoretisch-intellektuellen) Verurteilung und Überwindung chauvinistischer, rassistischer und sexistischer Diskriminierungen erscheint es fast zwangsläufig, daß eines Tages auch die *speziesistische* Diskriminierung, das heißt die Diskriminierung aufgrund der Artzugehörigkeit, allgemein als unhaltbar erkannt und überwunden wird. Die Sozialgeschichte der vergangenen zwei Jahrhunderte läßt sich unter anderem als stetiger Kampf um die Ausdehnung der Sphäre der moralisch zu Berücksichtigenden charakterisieren. Und nachdem wir eingesehen haben, daß die Zugehörigkeit zu einer anderen Nationalität, zu einer anderen Rasse oder zum anderen Geschlecht für sich genommen moralisch irrelevant ist, besteht der nächste, konsequente Schritt darin, zu erkennen, daß auch die Zugehörigkeit zu einer anderen Spezies für sich genommen moralisch irrelevant ist.

Neuere Forschungen verweisen immer mehr und immer deutlicher auf die *Ähnlichkeiten zwischen Menschen und Tieren*. Darüber hinaus wird stets klarer, daß die Unterschiede zwischen Menschen und Tieren in den allermeisten Bereichen nicht prinzipieller, sondern lediglich gradueller Natur sind.

Auch die *Abtreibungsdebatte* wirft heute Fragen auf, die die strikte Trennung von Mensch und Tier immer unhaltbarer erscheinen lassen. Als der Schwangerschaftsabbruch für die Frau noch ein erhebliches Gesundheitsrisiko bedeutete, wurden wichtige moralische Auffassungsunterschiede nicht gesehen oder unter den Teppich gekehrt: Sowohl diejenigen, denen es um das Wohl der Mutter ging, als auch diejenigen, denen es um das ungeborene Kind ging, konnten sich mit einem Abtreibungsverbot identifizieren. Nachdem die Abtreibung für die Frau aber nun ein geringeres Risiko als die Geburt mit sich bringt, stellen sich wichtige Fragen: Ist der Fetus (schon) eine Person? Welche Merkmale von Lebewesen sind moralisch bedeutsam (und machen diese Lebewesen dadurch schützenswert)? Welche Merkmale von Lebewesen sind moralisch von geringerer oder gar keiner Bedeutung (und bilden deshalb keinen Hinderungsgrund für eine Tötung)? Vor allem aber: Wenn die Eigenschaft, *menschlich* zu sein (und menschliche Feten sind zweifellos menschlich), nicht das entscheidende moralische Kriterium für die Schutzwürdigkeit ist, was ist es dann?

Die *Umweltschutzbewegung* hat uns dafür sensibilisiert, daß unser bisheriger Umgang mit nichtmenschlichem Leben nicht nur kurzsichtig und dumm, sondern auch moralisch fragwürdig war. Immer mehr Menschen haben immer deutlicher das Gefühl, daß die Ausbeutung der Natur und das Abschlachten von Tieren etwas fundamental Falsches ist.

Soweit einige Aspekte und Tendenzen, die zugunsten einer erfolgreichen Zukunft der Tierrechtsbewegung wirken. Darüber darf man aber nicht die Fakten und Kräfte übersehen, die in die entgegengesetzte Richtung wirken. Diese wiegen schwer und liegen auf der Hand: Die ungeheuren ökonomischen Interessen derer, die heute von der Ausbeutung der Tiere profitieren, sowie Gleichgültigkeit, Trägheit und Egoismus der Menschen insgesamt. Vor allem darf man sich keine Illusionen über die positiven Auswirkungen der Umweltschutzbewegung für die Tierrechtsbewegung machen. Den Umweltschützern geht es nämlich *letztlich* nicht um die Umwelt – geschweige denn um die Tiere –, sondern um die *Menschen*. Die ökologische Bewegung hat den menschlichen (Art-)Egoismus nämlich *in Wirklichkeit* nicht *überwunden*, sondern lediglich *modernisiert* – indem sie den veränderten globalen Rahmenbedingungen für menschliches Leben Rechnung trägt.

Wie die Zukunft der Tierrechtsbewegung angesichts dieser Einflüsse und Tendenzen nun im einzelnen aussehen wird, kann gegenwärtig natürlich kein Mensch sagen: Dennoch äßt sich meines Erachtens aber schon heute zweierlei feststellen:

Erstens wird es niemals so weit kommen, daß alle Menschen entsprechend den moralischen Prinzipien und Zielen der Tierrechtsbewegung handeln werden. Und zwar aus einem ganz einfachen Grund: Es wird niemals der Fall sein, daß alle Menschen *überhaupt* danach trachten, moralisch zu handeln. Vielmehr wird es immer Menschen geben, deren einziges Handlungsmotiv der Egoismus ist.

Zweitens ist das Beste, was wir für die Tierrechtsbewegung erhoffen und erwarten dürfen, daß alle Menschen, *die* moralisch handeln wollen, auch gegenüber *Tieren* moralisch handeln, das heißt Tiere ernsthaft in ihre moralischen Überlegungen einbeziehen.

Und wie stehen die Chancen, daß eines Tages alle Menschen, die moralisch handeln wollen, auch gegenüber Tieren moralisch handeln werden? – Ausgezeichnet, wie ich meine. Denn: Wer moralisch handeln will, der möchte doch zweierlei: Er möchte anderen helfen und Gutes tun, und er möchte dabei konsequent sein. Und dies führt letztlich zwangsläufig zur Miteinbeziehung der Tiere in das moralische Denken und Handeln: *Zwischen Menschen und Tieren gibt es nämlich in Wirklichkeit keinen prinzipiellen, moralisch bedeutsamen Unterschied.*

Alle bisherigen Versuche, einen solchen Unterschied zu entdecken oder zu konstruieren, sind in spektakulärer Weise gescheitert (wenngleich dies zum Teil auch erst in der Zukunft allgemein erkannt und akzeptiert werden wird). Ich nenne nur drei Beispiele: Nur der Mensch hat eine unsterbliche Seele. Nur der Mensch ist zu intelligentem Handeln fähig. Nur der Mensch ist leidensfähig.

Daß der Mensch im Gegensatz zum Tier eine unsterbliche Seele hat, ist heute genauso ungewiß, wie dies immer ungewiß war und für alle Zukunft ungewiß sein wird. Was hingegen stets klarer wird, ist, daß diese Frage moralisch völlig bedeutungslos ist. Unter anderem hat Tom Regen darauf hingewiesen, daß es vollkommen unerfindlich ist, warum man ein Lebewesen, das ewig lebt, besser behandeln soll als eines, das nicht ewig lebt. Vielmehr wäre die umgekehrte Denk- und Argumentationsweise viel plausibler: Da Tiere keine Aussicht haben, für irdisches Leid oder Unrecht im Himmel entschädigt zu werden, sollten wir Tiere *besser* behandeln als Menschen, die auf eine ausgleichende Gerechtigkeit im Jenseits hoffen dürfen! Bemerkenswert und entscheidend ist aber wohl vor allem dies: Die Unsterblichkeit der menschlichen Seele spielt in der gegenwärtigen ethischen Diskussion ohnehin nirgendwo mehr eine Rolle! In keiner der heute geführten ethischen Auseinandersetzungen, gehe es nun um Todesstrafe, Euthanasie, Abtreibung oder sonst was, wird von *irgendeiner* Seite ernsthaft mit der Unsterblichkeit der menschlichen Seele argumentiert. Wozu und mit welcher Berechtigung also dann das Argumentieren mit diesem alten Hut im Zusammenhang mit Tieren!

Nicht weniger lächerlich als das Gefasel um die unsterbliche menschliche Seele ist die Behauptung, daß nur Menschen intelligent handeln und Leiden empfinden könnten. Angesichts der eindeutigen diesbezüglichen Erkenntnisse von Biologie und Psychologie erübrigt sich jede Kommentierung dieser kindischen, naiven und vor allem falschen Behauptungen.

Bei Lichte besehen, erweisen sich *sämtliche* Versuche, zwischen Menschen und Tieren einen unüberbrückbaren

Graben zu ziehen, als untauglich und unhaltbar. Solche prinzipiellen Unterscheidungen zwischen Mensch und Tier konnten nur so lange eine zumindest scheinbare Plausibilität für sich beanspruchen, als kirchliche Dogmen noch vorherrschten und die empirisch-rationale Forschung noch in den Kinderschuhen steckte. Mit jedem Tag, an dem wir uns von den mittelalterlichen Vor- und Fehlurteilen abwenden und den Fakten zuwenden, wird der vermeintliche Graben zwischen Mensch und Tier kleiner.

Die Grundlagen für den Glauben an die biologische und moralische Einzigartigkeit des Menschen waren Unkenntnis und Verdrängung. Die Grundlage für Erfolg und Zukunft der Tierrechtsbewegung sind hingegen unleugbare Fakten.

Realistisch oder radikal?

Strategische Überlegungen zur Befreiung der Tiere

In jeder ernsthaften Diskussion darüber, welche Forderungen und Strategien am geeignetsten sind, um den leidenden Tieren zu helfen, taucht sehr bald folgende Frage auf: Sollen wir gemäßigt, „realistisch", „vernünftig" vorgehen, oder sollen wir radikale, „unrealistische", „utopische" Ziele verfolgen?

Obwohl dies, zumindest theoretisch, vielleicht die wichtigste Frage im Zusammenhang mit dem Bemühen um eine Verbesserung der Situation der Tiere darstellt, ist mir bisher noch keine vernünftige, überzeugende Antwort untergekommen. Und dies ist wohl auch kein Zufall, denn es scheint für *beide* Positionen, für die gemäßigte *wie* für die radikale, plausible Gründe zu geben.

Bevor wir uns aber mit der Kernfrage „gemäßigt oder radikal?" auseinandersetzen, wollen wir zunächst einige wichtige Vorfragen klären. Sonst ergeht es uns so wie den vielen anderen, die sich bereits um eine Klärung dieses Problems bemüht haben: Man redet aneinander vorbei – und wundert sich dann, wenn man zu keinen vernünftigen Ergebnissen kommt.

Dies ist letztlich auch das Schicksal einer sehr ernsthaften und engagierten Diskussion über diese Frage, die in der Zeitschrift „Animals' Agenda" (Jan. / Febr. 1992) zwischen Tom Regan und Gary Francione einerseits und

Ingrid Newkirk andererseits geführt wurde: Man geht von unterschiedlichen Voraussetzungen aus und diskutiert auf unterschiedlichen Ebenen unterschiedliche Fragen. Dennoch wollen wir auf diese Auseinandersetzung Bezug nehmen bzw. von ihr zu profitieren versuchen, da sie, trotz der angeführten Kritik, sehr nützliche Elemente und Argumente enthält.

Zuallererst müssen wir uns aber darüber klar werden, daß es bei der Frage „gemäßigt oder radikal?“ in der Regel um die Frage „gemäßigte oder radikale *Mittel*?“ geht: Erreichen wir unsere Ziele (über deren genaue Beschaffenheit wir uns und anderen oft keine hinreichende Rechenschaft geben) schneller und wirksamer mit gemäßigten oder mit radikalen Methoden? Bevor wir uns aber sinnvoll mit dieser Kernfrage auseinandersetzen können, müssen wir uns über unsere *Ziele* Klarheit verschaffen:

Vorfrage 1: Welche Ziele im Zusammenhang mit dem Bemühen, Tieren zu helfen, gibt es?

Hier möchte ich an die erwähnten Ausführungen von Regan und Francione anknüpfen bzw. deren Charakterisierungen der Ziele der Tierrechtsbewegung und der Tierschutzbewegung referieren, da ich diese für sehr prägnant und zutreffend halte.

Tierrechtsbewegung: Grundlage der Tierrechtsbewegung ist die Überzeugung, daß individuelle Rechte, also die Rechte von Individuen, unverletzlich sind: So wie Schwarze nicht für Weiße und Frauen nicht für Männer da sind, so sind auch Tiere nicht für den Menschen da. Deshalb fordert die Tierrechtsbewegung das bedingungslose Ende der Ausbeutung von Tieren für menschliche Zwecke, die totale Befreiung der Tiere aus der menschlichen Tyrannei.

Tierschutzbewegung: Die traditionelle Tierschutzbewegung bekennt sich hingegen zur prinzipiellen moralischen Zulässigkeit der Nutzung von Tieren für menschliche Zwecke. Sie fordert aber, daß hierbei das Leiden der Tiere auf das unerläßliche Maß reduziert wird. Während es der Tierrechtsbewegung um die *Abschaffung* gegenwärtiger Praktiken unseres Umgangs mit Tieren geht, verfolgt die Tierschutzbewegung eine *Reform* dieser Praktiken.

Vorfrage 2: Welches Ziel im Zusammenhang mit dem Bemühen, Tieren zu helfen, wird angestrebt?

Diese zweite Vorfrage ist ebenso wichtig wie die erste. Denn, so unglaublich und banal es klingen mag: Viele Meinungsverschiedenheiten und Mißverständnisse in bezug auf die Frage „gemäßigte oder radikale *Mittel*?“ haben ihre Ursache darin, daß sich die Beteiligten gar nicht darüber im klaren sind, welche *Ziele* sie mit diesen Mitteln überhaupt verfolgen wollen.

Nach den Tatsachen und Argumenten, die die Tierrechtsbewegung in den letzten Jahren auf den Tisch gelegt hat (auf die wir hier aber nicht näher eingehen können), kann man, wie ich meine, aus faktischen, rationalen wie ethischen Gründen konsequenterweise nur das Ziel der *Tierrechtsbewegung*, also das bedingungslose Ende aller Ausbeutung von Tieren für menschliche Zwecke, anstreben. Damit sind wir nun in der Lage, die zentrale Frage, um die es uns geht, präziser zu formulieren:

Kernfrage:
Erreichen wir das Ende der Ausbeutung von Tieren eher mit gemäßigten oder eher mit radikalen Mitteln?

An dieser Stelle möchte ich wieder auf die oben angesprochene Debatte in „Animals´ Agenda“ zurückkommen, da sich hier, wie mir scheint, sehr anschauliche Beispiele und Argumente sowohl für die gemäßigte als auch für die radikale Position finden.

Ingrid Newkirk, die für die gemäßigte Vorgehensweise steht, argumentiert wie folgt: Unser Ziel, die Abschaffung aller Ausbeutung von Tieren, können wir nicht über Nacht, sondern nur Schritt für Schritt erreichen. Und bis wir dieses Ziel erreicht haben, müssen wir danach trachten, das Leiden der Tiere soweit als möglich zu verringern.

Als Beispiel und Beleg für die Richtigkeit dieser Strategie führt Newkirk die Bemühung an, das Schicksal der Schlachttiere zu verbessern: Beim Kampf für die Bestimmung, daß die Tiere, die auf das Schlachten warten (was bis zu drei Tage lang dauern kann), während dieser Zeit Wasser erhalten sollten, wurde auch eine vegetarische

Gesellschaft um Unterstützung ersucht. Diese weigerte sich jedoch mitzumachen mit der Begründung: Wir sind grundsätzlich gegen das Töten von Tieren für menschliche Ernährungszwecke, deshalb können wir uns hier nicht einmischen. Dazu Newkirk: Wie können diese Menschen mit ihren weißen Westen und sauberen Händen gegenüber den Durst leidenden Tieren ihr Verhalten rechtfertigen? Die Frage war ja nicht: schlachten oder nicht?, sondern: tränken oder nicht?

Tom Regan und Gary Francione, die für das radikale Vorgehen plädieren (und auf Newkirks Beispiel leider nicht eingehen), argumentieren hingegen so:

Die Auffassung, daß man mit Verbesserungen, mit Reformen, also mit Mitteln, die ursprünglich aus der Tierschutzbewegung stammen, die Ziele der Tierrechtsbewegung verwirklichen könne, ist grundsätzlich falsch. So kann und wird zum Beispiel die „Humanisierung" von Tierversuchen ebenso wenig je zu ihrer Abschaffung führen, wie die Zulassung „sanfter" Vergewaltigung oder „humaner" Sklaverei je zum Verbot von Vergewaltigung und Sklaverei geführt hätte.

Vielmehr führt jede Verbesserung im Sinne einer „Humanisierung" zur Zementierung der in Frage stehenden Ausbeutung, weil jede *Regulierung* der Ausbeutung gleichzeitig ihre *Legalisierung* beinhaltet. Weiters werden gesetzlich verankerte „Humanisierungen" zur Rechtfertigung und Beschwichtigung gegenüber Kritikern eingesetzt: „Ihr braucht euch um das Schicksal der Tiere keine Sorgen zu machen, da ihr Schutz und Wohlergehen ohnehin Gegenstand expliziter gesetzlicher Bestimmungen ist!" Schließlich wird das Vorhandensein von Schutzbestimmungen stets hervorgehoben und betont, während die praktische Umsetzung tatsächlich weitgehend verhindert wird und die wirklichen Zustände und Praktiken verschleiert und verschwiegen werden.

An dieser Stelle scheint mir plausibel zu werden, warum die Frage „gemäßigt oder radikal?" eine so schwierige ist: Haben nicht im Grunde *beide*, die Gemäßigten *wie* die Radikalen, recht? Ist es nicht eigentlich vollkommen klar, daß Tiere, wenn sie schon geschlachtet werden, wenigstens nicht auch noch Durst leiden sollen? Ist es aber nicht ebenso klar, daß eine *„Humanisierung"* der Vergewaltigung, der Sklaverei, der Folter – *und* der Schlachtung – strategisch wie moralisch ein Unding ist?

Bevor wir daran gehen, unser Bemühen um eine Lösung des Problems „gemäßigt oder radikal?" fortzuführen, scheint es mir wichtig zu sein, innezuhalten und zu erkennen, daß unsere bisherige Fragestellung (Erreichen wir das Ende der Ausbeutung eher mit gemäßigten oder eher mit radikalen Mitteln?) im Lichte der vorangehenden Ausführungen offensichtlich nicht mehr angemessen erscheint:

- Daß radikale Mittel, sprich: die Durchsetzung von Zielen der Tierrechtsbewegung „mit einem Schlag", *wo sie möglich sind*, den Tieren am schnellsten und wirksamsten helfen, steht außer Frage.
- Die relevante Frage in bezug auf gemäßigte Mit-

tel scheint nicht zu sein, ob sie besser oder schlechter bzw. schneller oder langsamer zum Ziel führen, sondern ob sie *überhaupt* zum Ziel führen: Regan und Francione sagen ja, daß die gemäßigten Mittel, sprich: „Humanisierungsmaßnahmen" letztlich nicht nur unwirksam, sondern sogar *schädlich* sind – weil sie die in Frage stehende Ausbeutung mittels ausdrücklicher *Regulierung* (erst oder weiter) *institutionalisieren* und *legalisieren*.

Aus diesen Gründen scheint mir die nunmehr angemessene Fragestellung wie folgt zu lauten:

Modifikation der Kernfrage: Sind gemäßigte Mittel für die Beendigung der Ausbeutung von Tieren nützlich, unwirksam oder schädlich?

Sind „Humanisierungsmaßnahmen" – also „weniger Leiden", „artgerechte Haltung", „humane Aufzucht", „glückliche Tiere", „Reduzierung auf das unerläßliche Maß" usw. – anzustrebende Teilziele, also Stationen auf dem Weg hin zur endgültigen Befreiung der Tiere, oder sind sie für das Erreichen dieses Endzieles belanglos oder gar ein Hindernis?

So zutreffend und intelligent diese Frage auch immer sein mag, so allgemein gestellt, werden wir sie nie beantworten. Sehen wir uns deshalb noch einmal Ingrid Newkirks Forderung nach Versorgung von Schlachttieren mit Wasser an. Was wären, ganz konkret, die Konsequenzen, wenn wir uns erfolgreich für die Einführung einer entsprechenden Bestimmung engagierten?

Zwei Folgen liegen auf der Hand:

- Für die jetzt von dieser Bestimmung betroffenen Tiere wäre sie ohne Zweifel ein Vorteil.
- Für die Tiere, die in Zukunft geschlachtet werden sollen, könnte diese Bestimmung auch von Nachteil sein (wenngleich dieser Nachteil ein mittelbarer wäre, dessen Gewicht kaum quantifizierbar ist): Die angestrebte Beendigung aller Ausbeutung von Tieren, also auch die *Beendigung* der Schlachtung von Tieren für menschliche Ernährungszwecke, könnte durch diese *Regulierung* der Ausbeutung hinausgezögert werden.

Um diesen Aspekt der Abwägung des Für und Wider in den Griff zu bekommen, erscheint es zweckmäßig, eine Überlegung von Regan und Francione zu würdigen, auf die wir bis jetzt noch nicht hingewiesen haben:

Kern der Philosophie der Tierrechtsbewegung ist, wie bereits ausgeführt, die Anerkennung individueller Rechte. Deshalb ist das Zweck-Mittel-Denken in bezug auf Lebewesen unstatthaft. Ich kann nicht, zum Beispiel, *bestimmte* Lebewesen *für andere* Lebewesen leiden lassen, weil jedes

Lebewesen *eigene* Rechte hat. Daher ist es moralisch unzulässig, die *heutige* Ausbeutung von Tieren – so „human" diese auch immer behandelt werden sollten – mit der Hoffnung zu rechtfertigen, daß hiervon *in Zukunft andere Tiere* profitieren werden. Das gleiche gilt aber, wie wir hinzufügen wollen, konsequenterweise auch umgekehrt: Wir dürfen nicht *heutige* Vorteile für Tiere auf Kosten des Schicksals *zukünftiger* Tiere erkaufen.

Genau dies ist aber möglicherweise bei der Forderung nach Versorgung von Schlachttieren mit Wasser der Fall: Der Vorteil für die jetzt lebenden Tiere wird gegebenenfalls auf Kosten von in Zukunft lebenden Tieren erzielt, weil die Beendigung des *Schlachtens insgesamt* durch diese heutige „Humanisierungsmaßnahme" verzögert werden könnte.

Dies alles mag zwar richtig und für die Bewertung unseres Verhaltens auch bedeutsam sein. Aber den Kern unseres Problems treffen all diese Überlegungen offensichtlich noch immer nicht. Ganz zu schweigen davon, daß wir auch unsere modifizierte Fragestellung (Sind gemäßigte Mittel für die Beendigung der Ausbeutung von Tieren nützlich, unwirksam oder schädlich?) wiederum nicht zufriedenstellend beantworten konnten.

Vielleicht sollten wir uns einmal von allen theoretischen Überlegungen ab- und einem anschaulichen Szenario zuwenden. Stellen wir uns ernsthaft, lebhaft und realistisch folgendes vor:

Unsere Erde wird von außerirdischen Lebewesen besetzt, die uns Menschen aufgrund ihrer Intelligenz weit überlegen sind. Wie es der Zufall will, sind uns diese außerirdischen Lebewesen in genau jenem Maße überlegen, wie wir den Tieren überlegen sind. Unglücklicherweise haben diese Außerirdischen uns gegenüber auch die gleiche Einstellung, die wir gegenüber Tieren haben: Sie sind fest davon überzeugt, daß Menschen *für sie* geschaffen sind. Insbesondere haben diese neuen Herrscher auf der Erde die Gewohnheit, Menschen zu *essen*. Kritik an dieser Tradition halten sie für vollkommen abwegig. Sie verweisen ungehalten auf ihre höhere Intelligenz sowie darauf, daß Menschenfleisch ihrer Gesundheit zuträglich sei. Abgesehen davon schmeckten Menschen einfach gut. Darüber hinaus habe ihr Gott, der sie nach seinem Ebenbild geschaffen habe, überhaupt nichts gegen den Genuß von Menschenfleisch einzuwenden – und schließlich hätten sie „schon immer" Menschen gegessen.

Dennoch gibt es unter den Außerirdischen auch eine Gruppe, die sich zwar nicht prinzipiell gegen die Nutzmenschhaltung ausspricht, wohl aber gegen deren Auswüchse. Die Forderungen dieser sogenannten „Menschenschützer" finden zunehmend auch in den einschlägigen gesetzlichen Bestimmungen der Außerirdischen ihren Niederschlag (humane Aufzucht, artgerechte Haltung, schmerzfreie Schlachtung usw.). Die Praxis sieht allerdings, leider, oft ganz anders aus. Hier wird häufig noch mit „traditionellen" Methoden gearbeitet, die den Menschen unnötiges Leiden verursachen.

Jedenfalls beginnen die Außerirdischen sofort nach ihrer Invasion damit, die Erde flächendeckend mit Menschen-Schlachthäusern auszustatten, um ihren immer höher werdenden Bedarf an Menschenfleisch zuverlässig decken zu können. Schon sehr bald sind sie in der Lage, die Nachfrage ohne jegliche Importe befriedigen zu können. Und dies bedeutet, daß täglich viele Millionen Menschen, Erwachsene wie Kinder (die wegen ihres zarten Fleisches als besondere Delikatesse gelten), geschlachtet werden, um die Außerirdischen mit ihrem geliebten Menschenfleisch zu versorgen.

Auf den Transporten zu den Schlachthöfen, die oft tagelang dauern und bei denen die Menschen im Sommer glühender Hitze und im Winter eisiger Kälte ausgesetzt sind, sowie in den Schlachthäusern selbst spielen sich erschütternde Szenen ab. Einzelne Menschen versuchen in panischer Angst zu fliehen und werden dann von den Schlächtern aufs brutalste mit elektrischen Schlagstöcken und Fußtritten traktiert und wieder eingefangen. Mütter versuchen ebenso verzweifelt wie vergeblich, wenigstens ihre Kinder vor dem Schlimmsten zu bewahren.

Es gibt aber auch einen Lichtblick. Angesichts der katastrophalen Zustände bei Aufzucht, Transport und Schlachtung der Menschen hat sich unter den Außerirdischen eine sogenannte „Menschenrechtsbewegung" gebildet, die zwar noch nicht sehr einflußreich ist, die aber doch immer stärker zu werden scheint. (Diese Menschenrechtsbewegung entspricht in bezog auf Stärke und Einflußmöglichkeiten übrigens exakt der heutigen Tierrechtsbewegung.) Das Neue und Entscheidende an dieser Bewegung, deren Anhänger von der Mehrheit der Außerirdischen als irrationale Spinner angesehen werden, ist, daß man sich hier der Absurdität und Verwerflichkeit des Menschenfleischessens voll bewusst ist und deshalb nicht eine Reform, sondern eine Beendigung der Menschenfleisch-Produktion anstrebt.

Nun ist innerhalb dieser Menschenrechtsbewegung ein Streit zwischen den Gemäßigten und den Radikalen entbrannt. Konkret geht es um die Forderung, daß die Menschen, die auf das Schlachten warten (was bis zu drei Tagen dauern kann), wenigstens mit Wasser versorgt werden sollten, damit sie nicht zu dem ganzen übrigen Streß auch noch schrecklichen Durst leiden müssen. Die gemäßigten Außerirdischen sind für die Durchsetzung dieser Forderung, weil sie das Leiden der Menschen verringere und ein Schritt in die richtige Richtung sei. Die radikalen Außerirdischen sind gegen diese Forderung, weil ihre Erfüllung das Unrecht an sich nur verdecken und verlängern würde.

Wer hat recht? Was ist von dieser Forderung tatsächlich zu halten? Unter welchen Umständen ist sie zweckmäßig? Dies scheint mir nun auch die wirklich vernünftige Fragestellung für unsere Problematik zu sein:

Neuerliche Modifikation der Kernfrage: Unter welchen Umständen sind gemäßigte Mittel im Kampf um die Beendigung der Ausbeutung von Tieren zweckmäßig?

Die entscheidende Frage ist wohl diese: Was ist die momentan mögliche *Alternative* zur gemäßigten Forderung? Ist die Alternative die *Abschaffung* der Ausbeutung oder das *Nichtstun*?

Die sofortige und totale Beendigung der Ausbeutung wäre zweifellos die beste Maßnahme. Aber sie ist derzeit aufgrund des gegenwärtigen Informations- und Bewußtseinsstandes sowie aufgrund der vorherrschenden Interessen- und Machtstrukturen nicht durchsetzbar.

Nichts zu tun würde uns einerseits dem endgültigen Ziel um keinen Schritt näher bringen und wäre andererseits gegenüber den heute Leidenden zynisch.

Diese Überlegungen sprechen eindeutig für gemäßigte Forderungen, für die Verfolgung von Etappenzielen, für „Humanisierungsbemühungen" mit realistischen und vor allem mit raschen Erfolgsaussichten. Andererseits darf nicht übersehen werden, daß jetzige Regulierungen der Ausbeutung in Form von „Humanisierungsmaßnahmen" tatsächlich die Gefahr in sich bergen, die Ausbeutung insgesamt, die Ausbeutung als Institution, zu festigen. Insbesondere besteht auch die Gefahr, daß das heutige Engagement für Reformen den Blick für und auf das *wirkliche* – und notwendige – Ziel trübt.

Damit sind wir beim Kern des Problems und bei seiner Lösung: Das Entscheidende bei allen Forderungen nach Verbesserungen, nach „Humanisierungsmaßnahmen" ist, daß wir für keinen Augenblick vergessen dürfen, daß mit der Durchsetzung dieser Forderungen das *eigentliche* Problem, nämlich die *Ausbeutung an sich*, überhaupt nicht berührt wird. Und: Wir müssen uns dieser Tatsache nicht nur *selbst* ununterbrochen bewußt sein, sondern wir müssen diese Tatsache auch bei jeder sich bietenden Gelegenheit laut und deutlich *öffentlich* aussprechen: Diese Verbesserung ist ein wichtiger Schritt, aber wir werden uns mit dieser Regulierung des Unrechts nicht zufrieden geben, sondern so lange weiterkämpfen, bis das Unrecht selbst beseitigt ist.

Darüber hinaus müssen *gleichzeitig* mit allen Bemühungen um graduelle Verbesserungen auch alle erdenklichen Mittel und Möglichkeiten ausgeschöpft werden, die zur Beendigung des Unrechts an sich einen direkten Beitrag leisten können. Hierzu gehören insbesondere alle Maßnahmen der Informationsvermittlung, Aufklärung und Bewußtseinsbildung.

Die angemessene Antwort auf die uns umgebende unglaubliche Ausbeutung von leidensfähigen Lebewesen ist nicht Reform *oder* Abschaffung, sondern Reform *und* Abschaffung. Wir müssen zu allen Zeiten auf allen Ebenen alles Mögliche tun, um das Leiden zu verringern und das Unrecht zu beenden.

Tierversuch und Umweltschutz

Ein Argument, mit dem Tierschützer immer wieder konfrontiert werden, lautet ungefähr so:

Konsequente Tierschützer dürften, wenn sie selbst oder ihre Kinder erkranken, keine medizinische Hilfe in Anspruch nehmen, weil medizinische Präparate und Methoden auch mittels Tierversuchen entwickelt werden. Da Tierschützer diese Konsequenz nicht ziehen, ist ihr Kampf gegen Tierversuche weder menschlich überzeugend noch moralisch berechtigt.

In Kurzfassung könnte man diese Argumentation etwa so formulieren:

1. Konsequente Tierschützer dürften auch nicht zum Arzt gehen.

Wenngleich sich dieser Einwand bei Tierversuchsbefürwortern ganz besonderer Beliebtheit erfreut, ist er dennoch lediglich eine Spielart eines grundlegenderen bzw. allgemeineren Vorwurfes, der Tierschützern häufig gemacht wird, nämlich: „In Wirklichkeit seid ihr ja auch nicht konsequent." Andere Versionen dieses Vorwurfes lauten zum Beispiel:

2. Konsequente Tierschützer dürften auch keine Pelze tragen.
3. Konsequente Tierschützer dürften auch kein Fleisch essen.

Bevor wir diese Einwände *moralisch* bewerten, sollten wir ihre *faktischen* Implikationen betrachten. Und da fällt zunächst ins Auge, daß die Forderungen 2. und 3. wesentlich leichter zu erfüllen sind als die Forderung 1.: Auf einen Pelzmantel und ein Steak kann man viel eher verzichten als auf medizinische Hilfe.

Dazu könnte man sagen: Eben, genau hier zeigt es sich, daß die Tierschützer *letztlich*, wenn es ihnen an den Kragen geht, auch „umfallen" und die Tiere opfern; dies ist der schlagende Beweis dafür, daß Tierschützer in Wirklichkeit genau das sind, was man ihnen immer vorwirft: irrational und inkonsequent.

Diese Sichtweise ist aber grundfalsch. Es wird nämlich übersehen, daß es zwischen den verhältnismäßig leicht erfüllbaren Forderungen 2. und 3. einerseits und der schwer erfüllbaren Forderung 1. andererseits nicht nur einen graduellen, sondern auch einen *grundsätzlichen* Unterschied gibt: Zum Pelztragen und Fleischessen gibt es eine akzeptable Alternative, zur medizinischen Behandlung nicht. Auf das Tragen von Pelzen und das Essen von Fleisch kann man im Grunde und genau genommen ohne weiteres verzichten, weil es genügend Kleidung aus Stoff und genügend Lebensmittel ohne Fleisch gibt.

Eine Medizin ohne Tierversuche gibt es aber nicht. Es gibt nämlich im wesentlichen nur eine, *die* Medizin, die die Grundlage für *alle* Heilmittel und Heilverfahren darstellt: Abgesehen davon, daß medizinische Präparate und Methoden keine Mascherl „mit Tierversuchen" bzw. „ohne Tierversuche" tragen, ist es auch prinzipiell absolut unmöglich, im einzelnen festzustellen, welche Mittel und Methoden ihre Existenz nun Tierversuchen verdanken und welche nicht. (Daß es auch eine „alternative" Medizin gibt, ist in diesem Zusammenhang nebensächlich, da diese [alleine] gerade jene medizinischen Problem- und Akutfälle, die hier immer wieder zur Sprache gebracht werden, *nicht* abdeckt.)

Und weil dies so ist, ist es auch vollkommen abwegig, Tierversuchsgegnern Inkonsequenz vorzuwerfen, wenn sie medizinische Hilfe in Anspruch nehmen. Sie haben ja keine Alternative. Und sie können auch nichts dafür, daß es nur diese Medizin, in der Tierversuche eine wichtige Rolle spielen, gibt. Zur Verdeutlichung der moralischen Wertigkeit dieser Situation ein Vergleich: Es wäre auch völlig unsinnig, in einem Land, dessen elektrischer Strom ganz oder zum Teil mit Hilfe von Atomkraftwerken erzeugt wird, von Umweltschützern zu verlangen, sie dürften den Fernsehapparat nicht einschalten, weil sie damit die Atomindustrie unterstützten. Natürlich dürfen, ja *sollen* Umweltschützer fernsehen – damit sie informiert sind und weiter für eine atomfreie Zukunft arbeiten können! Und natürlich dürfen, ja *sollen* Tierversuchsgegner zum Arzt gehen – damit sie gesund sind und weiter für eine Medizin ohne Tierversuche arbeiten können!

Beide Verbrechen gegen das Leben, Atomkraftwerke wie Tierversuche, müssen selbstverständlich bekämpft, abgeschafft und verboten werden. Und hierzu in *geeigneter* Weise beizutragen ist selbstverständlich die Pflicht von Umwelt- und Tierschützern. Aber: Um zu wissen, *welche* Maßnahmen für diesen Kampf geeignet sind, bedürfen Umwelt- und Tierschützer ganz bestimmt nicht des spitzfindigen Rates der verlogenen Atomkraftwerks- und Tierversuchslobby!

Sobald Atomkraftwerke und Tierversuche einmal verboten sind, werden Wissenschaft und Industrie auch sehr bald angemessene Alternativen entwickeln, so daß etwaige Nachteile bald kompensiert sein werden. Und wenn sich schließlich herausstellt, daß wir auf Atomkraftwerke und Tierversuche doch nicht verzichten können? – Genau dies ist eben *nicht* die richtige Fragestellung. Die Frage ist nicht: „Wieviel Energie und Gesundheit können wir *maximal* erzeugen?“, sondern: „Wieviel Energie und Gesundheit können wir *auf ethisch zulässige Weise* erzeugen?“

Die heute übliche Vorgehensweise ist nicht nur eine moralische Bankrotterklärung, sondern auch Ausdruck von nicht mehr steigerungsfähiger Dummheit: *Zuerst* schafft man Bedarf und Erwartungen, um *danach* zu versuchen, sie – um jeden Preis und mit allen Mitteln – zu befriedigen. Man schafft sinnlose und überflüssige energiefressende Einrichtungen, um dann zwecks Energiegewinnung die Natur zu zerstören. Man ruiniert in unverantwortlicher Weise seine Gesundheit, um dann zu versuchen, sie auf Kosten der Tiere wiederherzustellen. Auf moralischer Ebene bedeutet dies: Wir richten die Moral nach unserem Handeln, anstatt unser Handeln nach der Moral zu richten.

Und wenn es „echte“, nicht durch Dummheit und Übermut verursachte Krankheiten gibt, die nur mit Hilfe von Tierversuchen geheilt werden können? - Dann müssen wir dennoch auch gegenüber Tieren beachten, was gegenüber Menschen selbstverständlich ist: Es gibt ethische Grenzen des technisch Machbaren.

So sind zum Beispiel Menschenversuche, die ohne Wissen oder gegen den Willen der Betroffenen durchgeführt werden, verboten, *obwohl* sie zweifellos dem medizinischen Fortschritt dienen würden. Die einzige ehrliche und korrekte Erklärung dafür, daß Tierversuche nicht verboten sind, lauten: Tiere können sich nicht wehren. Eine moralische Rechtfertigung für das Zutodefoltern von Wehrlosen kann und wird es aber niemals geben.

Sind Tierversuchs-Gegner inkonsequent?

Die Forderung nach der Abschaffung *aller* Tierversuche ist in der Tat übertrieben, ja inkonsequent: Warum sollten in einer Gesellschaft, in der die Tiere in so vielfältiger Weise (aus-)genutzt werden, ausgerechnet bei Tierversuchen derart strenge Maßstäbe angelegt werden? Der Umstand, daß die generelle Abschaffung von Tierversuchen derzeit gesellschaftlich nicht gedeckt und nicht durchsetzbar ist, spricht allerdings nicht *für* die Tierversuche, sondern *gegen* die Gesellschaft, gegen unsere Einstellung und unseren Umgang mit Tieren.

Trotzdem muß alles unternommen werden, damit Tierversuche dennoch abgeschafft, verboten werden. Nicht deshalb, weil ihre Ergebnisse auf den Menschen nicht übertragbar wären – darüber kann und wird man noch lange streiten –, sondern deshalb, weil Tierversuche *unmoralisch* sind. Die Nützlichkeit und Wirksamkeit von Tierversuchen ist für sich genommen überhaupt kein moralisches Argument: Es gibt viele Dinge, die nützlich und wirksam wären, aber dennoch verboten sind. Zum Beispiel Menschenversuche, die ohne das Wissen oder gegen den Willen der Betroffenen durchgeführt werden.

Und genau das ist auch der springende Punkt bei Tierversuchen: Tiere können niemals ihre Zustimmung zu Versuchen geben. Und deshalb können Tierversuche niemals gerechtfertigt werden. Tierversuche beruhen *immer* auf dem, was die Stärkeren als das *Recht* des Stärkeren bezeichnen, was in Wirklichkeit aber nichts anderes ist als Verbrechen an Wehrlosen.

Allerdings: Glaubwürdig und erfolgreich eintreten für das generelle Verbot von Tierversuchen kann nur, wer auch in anderen Bereichen das Recht der Tiere auf Leben und Unversehrtheit respektiert. Aus diesem Grund ist die vegetarische Lebensweise eine notwendige Voraussetzung für einen konsequenten und wirksamen Kampf gegen Tierversuche.

Menschliche Gemeinheit und menschliche Gewalt

Vor kurzem habe ich einige Tage in den Bergen verbracht, um mich von dem aufreibenden Leben zu erholen, das ein Engagement für Tiere, verbunden mit der Notwendigkeit, seine Familie irgendwie zu ernähren, mit sich bringt. Doch bereits am ersten Tag wurde ich von der allgegenwärtigen Realität menschlicher Grausamkeit gegenüber Tieren wieder eingeholt.

Zwischen Kurkonzert, Bergidylle und Ferienstimmung die schauerliche Gemeinheit menschlichen Seins: Auf einem Berggasthof werden „echte Gebirgsforellen“ angeboten. In einem zu einem Bassin umfunktionierten Baumstamm werden unter einem mit schwerem Vorhängeschloß versehenen Gitter Fische gehalten, um vom nächsten Gast persönlich als „gesunde“, „natürliche“ Mahlzeit auserkoren werden zu können. Warten auf das Umgebrachtwerden für trivialste Zwecke. Hier der grausame Todeskampf, dort die „Gaumenfreude“. Warten auf den Tod in reinem Gebirgswasser – rein selbstverständlich zum Wohle des nächsten Auftragsmörders, nicht um der Fische willen, deren Leben ja ausschließlich im Hinblick auf ihr Umgebrachtwerden „nützlich“ und „sinnvoll“ ist.

Von einem Augenblick zum anderen bin ich wieder mitten in meinem Kampf für die Tiere – und das ist, wenn es die Harmoniesüchtigen auch nicht hören wollen, notwendigerweise ein Kampf gegen die Menschen, die die Tiere ausbeuten. Mit einem Schlag bin ich mit einer zentralen

Frage der Tierrechtsbewegung konfrontiert: Ist Gewalt ein legitimes Mittel?

Darf man angesichts dieser barbarischen Rohheit einfach friedlich seines Weges gehen? Ist es hier nicht moralisch erlaubt oder gar geboten, das Schloß der Todeszelle zu zerstören und die Fische zu befreien? Ist es vielleicht sogar gerechtfertigt, gegen den Berufsmörder in Gestalt des Wirtes vorzugehen? Andererseits: Gewalt erzeugt immer Gegengewalt. Die Tierrechts- und -befreiungsbewegung würde wieder einmal in Verruf geraten. Und überhaupt: Was würde durch eine gewaltsame Befreiung dieser Fische letztlich wirklich erreicht? Sie würden lediglich durch andere ersetzt und das diabolisch-grausame „Glücksspiel" – Wer wird das nächste Folter- und Todesopfer des nächsten zufällig vorbeikommenden „Feinschmeckers"? – würde von vorn beginnen.

Die Frage nach Stellenwert und Angemessenheit von Gewalt ist eine wichtige und zentrale Frage, mit der ich mich bis jetzt nicht umfassend und systematisch auseinandergesetzt habe. Deshalb wäre es auch vermessen, hier eine endgültige Antwort geben zu wollen, geschweige denn eine „Patentlösung" anzustreben. Dennoch aber scheint es mir sinnvoll und legitim zu sein, nach ersten Orientierungshilfen im Rahmen dieser vielschichtigen Problematik zu suchen.

Jene praktischen und theoretischen Ansätze, die sich der absoluten Gewaltlosigkeit verschrieben haben, haben zweifellos sehr viel für sich. Daß Gewalt stets Gegengewalt provoziert, daß der Kreislauf der Gewalt einmal durchbrochen werden muß – das sind Gedanken und Strategien von schlichter, imponierender Einfachheit und Größe. Gerade vor kurzem erst habe ich ein Interview mit Nelson Mandela gelesen, in dem mich seine bedingungslose Forderung nach Verzeihen, Gewaltverzicht und Neuanfang tief beeindruckt hat.

Andererseits: Gibt es nicht auch Situationen, in denen die Anwendung von Gewalt angemessen ist? Man denke nur an die bekannten juristischen und historischen Situationen und Fälle, die Gewalt nicht nur erlauben, sondern zum Teil sogar als Inbegriff selbstlosen Heldentums begreifen, zum Beispiel bei Notwehr, Krieg und Tyrannenmord.

Schließlich: Es muß wohl auch eine Unterscheidung gemacht werden, die meist vergessen zu werden scheint. Es ist ein Unterschied, *für wen* ich auf die Anwendung von Gewalt verzichte. Wenn ich bei der Reaktion auf ein Unrecht, das *mir* zugefügt wurde, auf die Anwendung von Gewalt verzichte, so ist das etwas anderes, als wenn ich angesichts von Unrecht gegenüber *anderen* auf Gewalt verzichte. Bei der Enthaltung von Gewalt angesichts von Unrecht gegenüber anderen muß es sich keineswegs unbedingt um eine Tugend handeln. Es kann auch bloße Bequemlichkeit und Feigheit sein: Angesichts von Unrecht, das anderen zugefügt wird und mich nicht tangiert, „verzichte" ich auf die vielleicht einzige wirksame Art der Hilfeleistung.

Wie gesagt, ich möchte hier keine „letzte" Antwort auf die Gewaltfrage geben. Dennoch will ich einen ersten elementaren Orientierungsschritt vorschlagen, der meines Wissens bis jetzt in der Diskussion kaum berücksichtigt wurde, der meiner Überzeugung nach aber absolut unverzichtbar ist, wenn wir zu moralisch tragbaren Urteilen kommen wollen:

Stellen wir uns in allen Situationen, in denen es um die Frage nach der Zulässigkeit von Gewalt geht, ernsthaft und lebhaft vor, daß es sich bei den Betroffenen nicht um Tiere, sondern um Menschen handelt, also, zum Beispiel, nicht um „echte Gebirgsforellen", sondern um echte Kinder. Und dann prüfen wir nochmals ehrlich und unvoreingenommen alle Argumente, die gegen die Anwendung von Gewalt sprechen – und alle, die für die Anwendung von Gewalt sprechen.

Pelzindustrie unangreifbar!

Der Pelzindustrie ist etwas gelungen, was ihr nach der ruinösen Entwicklung der letzten Monate und Jahre wohl niemand mehr zugetraut hätte: Sie hat ein Informationspapier herausgebracht, dessen Inhalt schwer zu widerlegen ist.

Wie das? – Nun, nach der bisherigen unverkennbaren Schlagseite in Richtung Steinzeit („Der Mensch hat schon immer ..." usw.) haben die Kürschner jetzt offenbar ihre Liebe zu Objektivität und Wissenschaftlichkeit entdeckt. Jedenfalls gibt ein gewisses „Pelz-Informationszentrum" (Stoß im Himmel 3, A-1010 Wien) ein Informationsblatt „Leben mit Pelz" heraus.

Phantastisch, was man da alles erfährt! Und: Unsachliche, chaotische, extremistische oder gefühlsduselige Tierschützer haben keine Chance, die hier vorgebrachten Argumente und Informationen zu widerlegen! Der Grund für diese Unangreifbarkeit sind allerdings nicht unzweifelhafte Fakten, sondern zweifelhafte Methoden: Dieses „Informationsblatt" liefert nämlich so viele Banalitäten auf einmal, daß es unmöglich ist, jeder einzelnen die gebührende Aufmerksamkeit zu schenken.

So erfahren wir zum Beispiel von Dr. Helene Karmasin von einem „Institut für Motivforschung": „Tiere stehen für hochrangige Werte. Sie stehen für Liebe und Zuneigung und erwecken die Liebe zum Leben und zur Natur." Und weiter: „Sie sind sinnlich, schön und ästhetisch ... Sie stehen für Spontaneität, sie verkörpern eine Art von Unschuld, sie können nicht lügen." Jetzt dämmert´s wohl auch dem stumpfsinnigsten Tierschützer, daß man diesen Wesen das Fell über die Ohren ziehen muß!

Eine andere Erkenntnis des „Pelz-Informationszentrums“: „Die Menschen züchten seit Jahrtausenden Tiere, um sich zu ernähren.“ Das ist eine längst überfällige Nachhilfe in Sachen Ethik: Ein Verbrechen, das oft und lange genug wiederholt wird, wird so automatisch zur Tugend.

Und schließlich appellieren die Pelzinformanten an das Gewissen unzivilisierter und intoleranter Tierschützer: „Wir haben die Freiheit, selbst zu entscheiden. Bewahren wir uns diese Freiheit.“ Moral als Privatangelegenheit also. Was werden uns die Mörder im Dienste von Lust und Luxus als nächstes ans Herz legen? Vielleicht: „Wenn du Lust hast, jemanden umzubringen, entscheide doch selbst. Bewahren wir uns diese Freiheit.“

Essen, Gewalt und Krieg

Der Golfkrieg (1991) hat bei vielen von uns eine große Hoffnung zerstört. Die Hoffnung nämlich, daß im Zuge und nach der Ost-West-Entspannung letztlich doch noch die Vernunft siegen werde. Nun wissen wir es besser: Die Menschheit hat wieder nichts, noch immer nichts dazugelernt.

Das vielleicht Bedrückendste an solchen Ereignissen ist das Gefühl der Hilflosigkeit, das Gefühl, nichts gegen die sinnlose Gewalt unternehmen zu können. Aber haben wir eigentlich das Recht, uns über mangelnde Einflußmöglichkeiten zu beklagen, solange wir *vorhandene* Einflußmöglichkeiten nicht nutzen? Gandhi fragte einmal: „Möchtest du das Maß an Gewalt in der Welt verringern?" Und auf die Antwort „ja" fragte er weiter: „Nun, und was ißt du?"

Wer Fleisch ißt, verursacht Gewalt. Tiere für menschliche Ernährungszwecke aufzuziehen und umzubringen ist notwendig mit Gewalt verbunden. Und allein in den USA werden *täglich* 14 Millionen Tiere getötet, damit die Menschen sie essen können. Fleisch zu essen ist ebensowenig eine Privatangelegenheit, wie es eine Privatangelegenheit ist, ein Dieb oder ein Mörder zu sein. Die Art, wie wir uns ernähren, hat gravierende und weitreichende Konsequenzen. Wer Vegetarier wird, vermindert das Maß an Gewalt in der Welt.

Sicher, Vegetarier werden kann jeder nur einmal. Aber selbst vegetarisch zu leben ist die unabdingbare Voraussetzung dafür, auch andere dazu zu bringen, so zu leben. Denn kein Mensch kann einen anderen von der Richtigkeit einer Verhaltensweise überzeugen, die er selbst nicht praktiziert.

Vegetarier zu werden bedeutet aber noch viel mehr. Wer aus ethischen Gründen keine Tiere tötet bzw. töten läßt, der tötet auch keine Menschen. Frieden und Gewalt in der Welt beginnen bei uns selbst. Wir entscheiden, ob wir zum Frieden beitragen oder zur Gewalt. Und wir treffen diese Entscheidung täglich, stündlich – vielleicht in diesem Augenblick: beim Essen. Wir entscheiden dabei, ob wir andere für uns sterben lassen oder nicht.

Geboren zum Sterben

Jeder weiß es, kaum einer sagt es: Je größer das Verbrechen, desto größer die Chance, dafür nicht bestraft zu werden. Mehr noch: Je größer das Verbrechen, desto größer die Chance, dafür *gelobt* zu werden. Wer als Privatmann, quasi als Hobby, ein, zwei oder drei Menschen umbringt, der muß dafür für viele Jahre hinter Gitter. Wer aber als Staatsmann berufsmäßig und systematisch Hunderttausende oder gar Millionen ins jenseits befördert, der hat gute Aussichten, als Bewahrer des Friedens in die Geschichte einzugehen.

Diese Perversion der Zahl ist naturgemäß dort am größten, wo die Zahl der Opfer am größten ist. Und das ist bei unserem Umgang mit Tieren der Fall. Unser Umgang mit Tieren ist ein einziges riesiges Massaker, eine grenzenlose Hölle, ein unendliches Meer von Terror, Angst und Schrecken. In unseren Schlachthäusern, Versuchslabors und anderen Tier-KZs werden jeden Tag, *jeden Tag*, viele Millionen Tiere systematisch zu Tode gefoltert. Allein in den USA werden allein für die Fleischerzeugung jährlich fünf *Milliarden* Tiere umgebracht – Fische nicht mitgezählt.

Diese astronomischen Zahlen sind das größte Hindernis auf dem Weg zur Befreiung der Tiere aus menschlicher Sklaverei: Das Leiden der Tiere und das an ihnen begangene Unrecht sind so *allgegenwärtig und damit selbstverständlich*, daß sie überhaupt nicht mehr faßbar sind. Das Leiden und Unrecht, das wir buchstäblich unzähligen

Tieren zufügen, geht im Meer ihres Blutes unter. Wir können die Verbrechen, die wir begehen, aufgrund ihrer kolossalen Dimensionen gar nicht mehr wahrnehmen.

In dieser Situation ist es für die Wiedergewinnung der Wahrnehmungsfähigkeit unerläßlich, einmal die Milliarden von Opfern außer acht zu lassen und sich einer überschaubaren Zahl von Tieren zuzuwenden. Im „Fleisch-Report" von Wolf-Michael Eimler und Nina Kleinschmidt lesen wir unter anderem (Seite 243):

„Dabei ist ... die Schweinefabrik recht gut in Schuß. Die Bilder, die uns ein kleiner Rundgang, der uns schließlich doch noch gewährt wird, bietet, zeigen das ganze Ausmaß des Größenwahns. Auf den 160 Hektar des Betriebsgeländes stehen neben einem eigenen 'Kulturpalast' ein Trockenwerk für Mischfutter, ein Fuhrpark, eine Kantine, Fußball- und Sportplätze und natürlich Schweineställe. 96 Riesenhallen, 'getarnt' durch Bäume. 30 Betriebsveterinäre kümmern sich um den Zustand der Tiere, die auf engstem Raum leben müssen. Sauenställe (je 600 Plätze), Besamungsstation, Ferkelställe (je 4000 Plätze), 20 Mastställe mit je 4000 Plätzen. Allein 900 Ferkel werden täglich geboren."

Allein 900 Ferkel werden täglich geboren. Darunter kann man sich, wenn man will, noch etwas vorstellen: jeden Tag kommen 900 Kinder auf die Welt. 900 Kinder, die ihre Mutter lieben. 900 Kinder, die ihre Mutter liebt. 900 Kinder, die mit ihrer Mutter leben und mit ihren Geschwistern spielen möchten. 900 Kinder, die sich freuen, das Licht dieser wunderbaren Welt erblickt zu haben. 900 Kinder, die diese neue Welt entdecken und erleben möchten.

Doch für diese 900 Kinder wird ihr Leben ein einziger Alptraum sein. Denn diese 900 Kinder werden im Gefängnis und unter den Augen ihrer Schlächter geboren. Und diese 900 Kinder verlassen ihr Gefängnis erst auf dem Weg zur Hinrichtung. Jeder, der Fleisch ißt, ist ein Mörder.

Ist es gesund, moralisch zu sein?

Vollwert, Vollkorn, biologisch, vegetarisch – man ist und ißt heute gesundheitsbewußt. Insbesondere hinsichtlich der *fleischlosen* Ernährung hat sich in den letzten Jahren ein bemerkenswerter Wandel vollzogen: Was noch vor kurzem als sicheres Erkennungszeichen für Spinner galt, ist jetzt nicht nur gesellschaftsfähig, sondern sogar „in".

Angesichts dieser Entwicklung konnte es nicht ausbleiben, daß die beiden wichtigsten Motive für eine fleischlose Ernährung, das moralische und das gesundheitliche, direkt aufeinandertreffen: „Ißt du kein Fleisch, weil dir die Tiere leid tun oder weil du dir und deiner Gesundheit etwas Gutes tun willst?" In diesem Zusammenhang werden die gesundheitlichen Beweggründe für eine vegetarische Lebensweise häufig als die vernünftigen angesehen, während das moralische Motiv nach wie vor oft als Hinweis auf einen Dachschaden des Betreffenden gewertet wird. Diese Einschätzung ist im Grunde höchst erstaunlich:

Zunächst einmal kann man gleich auf den ersten Blick und ohne jeden Zweifel feststellen, daß das gesundheitliche Motiv für eine fleischlose Ernährung ein egoistisches ist, während das moralische Motiv für den Fleischverzicht unverkennbar altruistisch ist: Wer aus gesundheitlichen Gründen kein Fleisch ißt, dem geht es um das *eigene* Wohl, wer aus moralischen Gründen auf Fleisch verzichtet, dem geht es um das Wohl *anderer*, nämlich um das Wohl der Tiere. Und: Muß jeder, der an das Wohlergehen anderer denkt, deshalb gleich verrückt sein?

Das wirklich Erstaunliche, oder besser gesagt: das Ungeheuerliche an der verbreiteten Auffassung, daß der gesundheitlich motivierte Vegetarismus vernünftig, der moralisch motivierte hingegen irrational sei, offenbart sich aber erst bei näherer Betrachtung: Die Voraussetzung dafür, daß Menschen Fleisch essen können, ist, daß Tiere *für diesen Zweck* aufgezogen und umgebracht werden. Dies ist regelmäßig mit unbeschreiblichem und lebenslänglichem Leiden der Tiere verbunden. Ist es angesichts dieser Verbrechen an den Tieren nicht frivol, zynisch, ja geradezu pervers zu fragen: Und ist die *Verhinderung* dieser Verbrechen auch *gesund*? Ist es angesichts dessen, was den Tieren bei Aufzucht und Schlachtung angetan wird, nicht vollkommen *gleichgültig*, ob die Beendigung dieser Massaker auch für uns vorteilhaft ist!

In Wirklichkeit ist die Frage, ob der Verzicht auf Fleisch auch gesund sei, eine moralische und intellektuelle Bankrotterklärung. Ebensogut könnte man fragen: Ist es gesund, seine Mitmenschen nicht zu foltern und nicht zu ermorden? Oder: Ist es gesund, moralisch zu sein?

Andere Länder, andere Sitten?

„Die Damen und Herren haben sich feingemacht. Abendanzug, langes Kleid, tiefes Dekolleté. Der Kellner verneigt sich. Er führt die Herrschaften zu ihrem für diesen festlichen Abend reservierten Tisch.

Seoul Korea, eine Nebenstraße im Stadtzentrum. Dieses Lokal ist weithin berühmt und bekannt. Zwar teuer, aber die Gerichte äußerst lecker, hatte der Taxifahrer versprochen. Coupé-Korrespondent Markus Dollmeyer liest noch die Speisekarte. Alles schwer verständlich. Er sieht auf und beobachtet die Vierergruppe, die soeben lachend und offenbar äußerst hungrig am Nebentisch Platz genommen hat.

Es ist ein ganz normaler Tisch. Auffällig ist nur das Loch in der Mitte der Tischplatte. Wozu das wohl gut sein mag, überlegt Dollmeyer. Für einen überdimensionalen Sonnenschirm? Kaum, dafür ist es zu groß, und das Lokal hat auch gar keinen Garten. Vielleicht für einen Topf, der dann von unten erhitzt wird, so wie man es aus der japanischen Küche kennt.

Dollmeyer bestellt, ißt und vergißt den Nebentisch. Eine halbe Stunde vergeht. Jetzt bringt der Kellner etwas an den Nebentisch – nein, nicht nur das Besteck, sondern vier Hämmerchen. Für jeden der Gäste einen. Dollmeyer staunt und beobachtet weiter. Er weiß noch nicht, daß ihm in wenigen Minuten der Atem stocken wird, daß er leichenblaß auf die Toilette wanken und das Essen wieder auskotzen wird. Wozu die Hämmer, überlegt er. Sie sind fast zierlich, aber man kann bestimmt kräftig damit zuschlagen. Eine koreanische Sitte?

Da wieder kommt der Kellner. Er trägt einen kleinen Affen im Arm, der heftig strampelt. Dollmeyer legt Messer und Gabel weg und starrt auf die Szene am Nebentisch. Die vier unterhalten sich ganz gelassen weiter. Sie begrüßen den Kellner und den neuen ungewöhnlichen Tischgast sogar mit freudigen Zurufen, als hätte er endlich das langersehnte Essen gebracht. Dollmeyers Augen werden groß. Der Kellner steckt den Affen, der vor Angst laut schreit, geschickt durch das Loch. Offenbar betätigt er nun einen kleinen eingebauten Schieber, der das Loch so verkleinert, daß nur noch der Kopf des Affen über den Tisch ragt.

Der Affe hängt nun praktisch am Hals im Tisch. Seine Augen sind weit aufgerissen. Er ringt nach Luft. Die anderen Gäste im Lokal sehen nicht einmal hin. Der Kellner tritt einen Schritt zurück und verneigt sich. Die vier Gäste nehmen die Hämmer in die Hand. Dollmeyer hält den Atem an. Nacheinander schlagen alle vier mit voller Wucht dem Affen auf den Kopf. Sein Schreien wird fast unerträglich. Dreimal sausen die Hammer nieder, insgesamt also zwölf kräftige Schläge. Jetzt verstummt das Schreien langsam, das die ganze Zeit das Stimmengewirr im Lokal übertönt hat. Dollmeyer wird schlecht. Der Affe ist tot. Mit immer noch weit aufgerissenen Augen sieht das ermordete Tier über den Tisch direkt zu dem Deutschen herüber.

Der Kellner tritt wieder an den Tisch. Aus der Tasche zaubert er ein offenbar rasierklingenscharfes Messer heraus. Damit trennt er dem Affen jetzt kreisrund die Schädeldecke ab. Wieder verneigt er sich. Die vier unterhalten sich, als wäre das alles vollkommen normal. Jetzt greifen sie zu kleinen Löffeln. Nacheinander löffeln sie das warme Affenhirn aus dem oben offenen Schädel und essen es."

Soweit ein Auszug aus dem Bericht „Wir machen aus allem, was Beine hat, eine Delikatesse" aus der Zeitschrift „Schutz für Mensch, Tier und Umwelt" (August-September 1991, S. 16 f.).

„Ist das nicht ganz furchtbar?" – Nun, bevor wir uns allzu sehr erregen, sollten wir überlegen, ob unser Umgang mit Tieren um so vieles anders ist. Sicher, wir essen keine Affen. (Wohl aber Hirn!) Dafür essen aber wir wiederum Tiere, die in anderen Kulturen niemals verzehrt würden. Zum Beispiel Schweine.

„Bei uns werden die Tiere aber nicht bei Tisch getötet!" – Das ist richtig. Bei uns werden sie einige Meter weiter, in der Küche, umgebracht. Oder im Schlachthaus – noch besser. Allerdings: Auch wir wissen das prickelnde Gefühl zu schätzen, das mit dem Bewußtsein verbunden ist, daß ein ganz bestimmtes Tier zu unserem persönlichen Vergnügen ermordet wird: Man denke nur etwa an das Spanferkel-Essen, an das Servieren des – hübsch und lustig hergerichteten – ganzen Schweinskopfes oder an das Aussuchen eines bestimmten Fisches, den der Koch für uns umbringen und zubereiten soll.

„Aber vor allem werden die Tiere bei uns von Fachleuten betäubt und dann schmerzlos getötet!" – Wer sich auch nur oberflächlich über die Zustände und Praktiken in unseren Schlachthäusern informiert, weiß, daß dies ein Märchen ist. Auch bei uns werden enorm viele Tiere falsch, unzureichend oder gar nicht betäubt, bevor sie umgebracht werden. Und bei den „Fachleuten“ in den Schlachthäusern handelt es sich um angelernte Hilfsarbeiter, die im Akkord arbeiten.

Wozu also die ganze Aufregung über das Affenhirn-Essen? Wir gehen mit den Tieren auch nicht viel anders um. Oder doch? Richtig! Wir bringen die Tiere, auf die wir uns festlich gekleidet wie die Barbaren stürzen, nicht selber um, sondern überlassen das anderen. Ist das nicht ein Fortschritt?

Die Grenze des Zumutbaren

Im englischsprachigen Raum hat in den letzten zwanzig Jahren im Bereich des Tierschutzes eine Revolution stattgefunden. Wenngleich im deutschen Sprachraum Vergleichbares nicht geschehen ist, hat es doch auch hier in letzter Zeit deutliche Veränderungen gegeben. Heute kann man, im Gegensatz zu früher, durchaus ernsthaft und engagiert über Themen wie Tierversuche, Pelztierzucht und Massentierhaltung sprechen, *ohne* als gefährlicher Extremist oder bedauernswerter Spinner abgestempelt zu werden.

Allerdings: Es gibt auch sehr deutliche Grenzen dieser neuen Liberalität. Beim Thema Fleischessen hört die Toleranz im allgemeinen sehr schnell auf. Aber auch diese Problematik ist kein absolutes Tabu mehr. Solange man gewisse Spielregeln einhält, solange man *„vernünftig"* bleibt, kann man auch dieses Thema ansprechen. Es gibt im wesentlichen vier „vernünftige" Aspekte im Zusammenhang mit dem Fleischessen, die erörtert werden können, ohne daß man von seiten der Gesellschaft oder der Medien geächtet wird:

Hunger

Fleisch zu essen bedeutet gegenüber einer vegetarischen Lebensweise eine ungeheure Verschwendung der Nahrungsressourcen unseres Planeten: Die Tiere, deren Fleisch wir essen, benötigen ca. 90 Prozent des Futters, das wir ihnen geben, zur Aufrechterhaltung ihres eigenen Stoffwechsels.

Deshalb könnten wir bei vegetarischer Ernährung – d. h. wenn wir selbst Pflanzen essen würden, anstatt sie an Tiere zu verfüttern, um dann deren Fleisch zu essen – zehnmal so viele Menschen mit Nahrung versorgen.

Umweltzerstörung

Die negativen ökologischen Konsequenzen der Fleischproduktion sind in ihrem Umfang und in ihrer Komplexität schlicht katastrophal. Ich nenne nur einige Stichworte. Kunstdünger und Pflanzenschutzmittel: Da die Fleischproduktion eine so ineffiziente Art der Nahrungsmittelproduktion ist, muß aus dem Boden das Letzte herausgeholt werden; dies geschieht durch massiven Chemieeinsatz, der die Umwelt, insbesondere das Grundwasser, verseucht. Gülle: Die Exkremente der Tiere, die wir für die Fleischproduktion aufziehen, zerstören den Boden, vernichten Pflanzen- und Tierarten und vergiften das Grundwasser. Regenwaldzerstörung: Die Gewinnung von Land für die Rinderzucht, d. h. für die Fleischerzeugung, ist eine der Hauptursachen für die Zerstörung des tropischen Regenwaldes; zu den Folgen der Regenwaldzerstörung gehören unter anderem Dürre- und Flutkatastrophen und der Treibhauseffekt.

Krankheit

Daß Fleischessen der Gesundheit nicht förderlich ist, braucht heute nicht mehr besonders hervorgehoben zu werden, da dies ohnehin bereits weitgehend bekannt ist. Während man früher einer archaisch-kannibalistischen Primitiv-Psychologie folgend Fleisch mit Kraft und Gesundheit identifizierte, weiß heute jeder, daß man umso gesünder lebt, je *weniger* Fleisch man ißt.

Gemeinsam ist all diesen Gesichtspunkten im Zusammenhang mit dem Fleischessen zweierlei: Es wird von einer (art-)egoistischen Perspektive aus argumentiert (Fleischessen verursacht *den Menschen* Hunger; Fleischessen vernichtet die Umwelt *der Menschen*; Fleischessen gefährdet die Gesundheit *der Menschen*), und es wird kein prinzipieller Verzicht auf Fleisch gefordert: Die *Einschränkung* des Fleischkonsums genügt, um die negativen Konsequenzen zu verhindern (zumindest kann man sich dies einreden). Diese Erkenntnis hat etwas recht Beruhigendes an sich: Das Problem ist erkannt, seine Lösung erfordert keine grundsätzliche Verhaltensänderung, und wann und inwieweit wir unsere Eßgewohnheiten *tatsächlich* verändern, muß ja nicht unbedingt gerade *jetzt* entschieden werden. Und überhaupt: Was können wir als einzelne schon am Welthungerproblem und an der globalen ökologischen Situation ändern! Und: Sind nicht andere in ihren Lebensgewohnheiten noch viel unvernünftiger als wir? Fleisch zu essen ist auch nur *ein* Faktor unter vielen, der unsere Gesundheit gefährdet, deshalb könnten wir ja eigentlich auch woanders damit anfangen, etwas für unsere Gesundheit zu tun!

Die zweite Gemeinsamkeit der Aspekte Hunger, Umweltzerstörung und Krankheit: daß eine *Einschränkung* des

Fleischkonsums genügt, um seine negativen Konsequenzen zu verhindern, trifft auch noch auf ein weiteres Thema, das im Zusammenhang mit dem Fleischessen diskutiert wird, zu: auf die *Massentierhaltung*. Das ist der vierte Bereich in Verbindung mit dem Fleischkonsum, der „ungestraft" angesprochen werden darf:

Massentierhaltung

Die heutige intensive Form der Tierzucht ist im Grunde moralisch nicht verantwortbar, weil sie den Tieren massives und unnötiges Leiden zufügt. Deshalb sollte hier etwas geändert werden. Diese plötzliche moralische Anwandlung fällt umso leichter, als es in diesem Zusammenhang auch noch eine andere Problematik gibt: Das so erzeugte Fleisch entspricht immer weniger den Vorstellungen der Konsumenten. Eine humanere Behandlung der Tiere wäre also auch im Interesse des Konsumenten, der immer mehr nach „natürlichem", „biologischem" Fleisch verlangt. Diese Situation ist im übrigen auch Basis und Voraussetzung für alle wohlklingenden Erkenntnisse nach dem Motto „Tierschutz ist gleich Menschenschutz".

Soweit also zu den tolerierten, *„vernünftigen"* Formen der Diskussion zum Thema Fleischessen. Solange es nur um das *Wie* und das *Wieviel* der Fleischproduktion und des Fleischkonsums geht, kann der Kritiker am Status quo durchaus mit wohlwollendem Interesse rechnen. Sobald es aber um die *entscheidende* Frage geht, nämlich um die Frage nach dem *Warum* des ganzen Unternehmens Fleischessen, hat die Bereitschaft zum Zuhören und Nachdenken mit einem Schlag ein Ende. Da hört der Spaß und jegliche Offenheit endgültig auf. Hier verläuft die Grenze zum absoluten Tabu. Dies ist der unüberwindbare Todesstreifen: *Wer ihn zu überschreiten versucht, wird mit totalem Totschweigen bestraft.*

Warum ist dies so? Warum verläuft gerade hier die unerbittliche Demarkationslinie zwischen Toleranz und Tabu? Die Antwort ist ebenso einfach wie entmutigend: Wer die Gewohnheit hat, Fleisch zu essen – und diese Gewohnheit haben nun einmal fast alle Menschen –, kann den Gedanken, mit dieser Gewohnheit brechen zu müssen, psychisch nicht ertragen. Und da hier nicht irgendeine abstrakte Entscheidung ansteht, die irgendwo und irgendwann einmal getroffen werden muß, geraten die Menschen in Panik: In spätestens einigen Stunden, bei der nächsten Mahlzeit, würde sich das Problem in aller Schärfe und Unerträglichkeit, mit dem Zwang, sich zu entscheiden, stellen. Und deshalb werden alle zur Verfügung stehenden Abwehrmechanismen mobilisiert, um es nicht so weit kommen zu lassen, um die grausigen, grausamen und erdrückenden Fakten nicht an sich heranzulassen. Folgerichtig wird der, der diese Fakten ausspricht, die personifizierte Ursache der gefürchteten Konfrontation mit der Realität, boykottiert, ignoriert und totgeschwiegen.

Diese Antwort auf die Frage, warum das Rede- und Denkverbot gerade hier beim „Warum *überhaupt* Fleisch essen?“ beginnt, ist einfach, weil sie keiner theoretischen Erläuterung bedarf: Jeder, der Fakten und Argumente vorurteilsfrei an sich heranläßt und ehrlich zu sich selbst ist, wird sie aus eigener Erfahrung bestätigen. Diese Antwort ist entmutigend, weil sie zeigt, daß Rationalität hier nur eine geringe Chance hat: Wer die Fakten verleugnet, ist auch für Argumente in bezug auf die Fakten taub.

Der moralische Imperativ

In der Ethik gibt es eine alte, zentrale und lebhafte Diskussion über die möglichen Zusammenhänge zwischen dem, was *ist*, und dem, was *sein soll*, das heißt zwischen objektiven *Tatsachen* einerseits und moralischen *Verpflichtungen* andererseits: Gibt es einen solchen Zusammenhang zwischen Fakten und Pflichten? Welcher Art ist dieser Zusammenhang? Welche Fakten sind hier bedeutsam? Usw. Diese Auseinandersetzung wird sowohl in Form von philosophischen Grundsatzfragen geführt (zum Beispiel: Gibt es eine logische Ableitung von Sein auf Sollen?) als auch in Form von interdisziplinären Fragestellungen (zum Beispiel: Welchen Einfluß haben unsere genetischen Eigenschaften auf unsere moralischen Verpflichtungen ?).

Hinsichtlich mindestens *einer* Pflicht hat diese ganze Diskussion über Sein und Sollen, über Fakten und Pflichten ganz bestimmt *keine* Bedeutung: Wer helfen *kann*, der *soll* auch helfen. Wenn das Wort Ethik irgendeinen Sinn haben soll, dann muß gelten: Aus der Tatsache, daß jemand *fähig* ist zu helfen, folgt, daß er auch *verpflichtet* ist zu helfen. Wer jemanden sieht, der seiner Hilfe bedarf und dem er helfen kann, der *soll* auch helfen.

Ebenso überflüssig wie die Frage, *ob* wir helfen sollen, ist im Grunde die Frage, *wem* wir helfen sollen oder wem wir *zuerst* helfen sollen: Sollen wir unseren Nächsten helfen? Sollen wir Fremden helfen? Sollen wir gar auch Tieren helfen? Dürfen wir Fremden helfen, solange es bei uns noch so viel Elend gibt? Dürfen wir Tieren helfen, solange es noch so viel menschliches Leid gibt?

Auf alle diese Fragen gibt es eine einfache Antwort: *Beginne* zu helfen! Alle übrigen Fragen werden sich dann von selbst beantworten.

Sophismus oder Denkhemmung?

Bemerkungen zu Klaus Michael Meyer-Abichs Aufsatz „Frieden mit den Tieren"

Daß von seiten der Philosophie gegen den ethischen Vegetarismus argumentiert und polemisiert wird, ist nicht weiter verwunderlich, da die meisten Philosophen wie die meisten Menschen *keine* Vegetarier sind und deshalb an ihrem Schnitzel, Braten usw. ebenso hängen wie alle anderen Menschen. Auch daß Autoren zunächst *für* den Vegetarismus argumentieren, um dann rechtzeitig vor der nächsten Mahlzeit doch noch ein passendes Argument *gegen* den Vegetarismus zusammenzuphilosophieren, ist keine Seltenheit – wir kommen auf dieses Phänomen noch zurück. Daß sich aber jemand eine philosophische Position, die offenkundig zum ethischen Vegetarismus führt, ernsthaft zu eigen macht und diese auch noch in seltener Klarheit und Verständlichkeit darstellt und erläutert, um *dann* die Schlußfolgerung zu ziehen, der Vegetarismus sei *keine* Lösung, ist in der Tat bemerkenswert.

Klaus Michael Meyer-Abich argumentiert in seinem Aufsatz „Frieden mit den Tieren" (1985) mit beeindruckender Klarheit für das Gleichheitsprinzip, das in der angelsächsischen Vegetarismus-Diskussion in der Philosophie die einflußreichste theoretische Grundlage für den Pro-Vegetarismus-Standpunkt darstellt. „Mit beeindruckender

Klarheit“ sage ich deshalb, weil das Gleichheitsprinzip von vielen anderen Autoren in massiver Weise fehlinterpretiert wurde und weiterhin wird. Umso erstaunlicher ist es, daß Meyer-Abich nach der Darstellung seiner Position (des Gleichheitsprinzips) zu geradezu grotesken Schlußfolgerungen gelangt.

Ich werde zunächst Meyer-Abichs Position darstellen und dann seine Schlußfolgerungen referieren. Danach werde ich diese Schlußfolgerungen kritisieren. Schließlich werde ich versuchen, diese Schlußfolgerungen zu deuten.

Meyer-Abichs Position

Das Gleichheitsprinzip wird heute zu Recht als unantastbare moralische Grundlage für den Umgang der Menschen untereinander angesehen:

„Daß Männer und Frauen - ungeachtet augenfälliger Verschiedenheiten – gleiche Rechte haben, Ausländer als Menschen genausoviel wert sind wie die Bewohner des Gastlands und niemand wegen seiner Rasse diskriminiert werden darf, ist mittlerweile der Stand des aufgeklärten politischen Bewußtseins ... (...) Alle Menschen sind zwar weder gleich noch gleich geboren, sondern haben verschiedene Anlagen unter verschiedenen Bedingungen verschieden entwickelt, aber sie sind doch alle gleichermaßen Menschen. .... Zum Beispiel ist es aus den jedermann und jederfrau bekannten Verschiedenheiten zwischen Frauen und Männern nicht zu rechtfertigen, daß die einen das politische Wahlrecht haben und die anderen nicht oder daß die einen beruflich generell bessere Chancen haben als die anderen. Und durch keine menschliche Verschiedenheit wird gerechtfertigt, daß der Wohlstand einer Bevölkerungsgruppe durch das Elend einer anderen erkauft wird.

Das Gleichheitsprinzip, daß zweierlei insoweit gleich behandelt werden soll, wie die Gleichheit reicht, und insoweit verschieden, wie die Verschiedenheit reicht, ist wohl der elementarste Grundsatz der Gerechtigkeit ... Das Bundesverfassungsgericht deutet den Gleichheitssatz in ständiger Rechtsprechung als das Willkürverbot, ‚weder wesentlich Gleiches willkürlich ungleich noch wesentlich Ungleiches willkürlich gleich' zu behandeln." (S. 8 f.)

Das Gleichheitsprinzip wurde nicht immer als moralische Grundlage für den Umgang der Menschen untereinander angesehen und seine Verwirklichung stößt auch heute noch auf Widerstände:

„Verschiedenheiten der Hautfarbe, der kulturellen Entwicklung und der Lebensart mögen eine Zeitlang die Rechtfertigung dafür zu bieten scheinen, andere Menschen zum Beispiel als Sklaven zu behandeln. Letztlich aber erfahren wir auch die Sklaven als Mitmenschen ...

Die Grenzen der Gemeinschaft, der man sich zugehörig fühlt und in der die eigene Identität gefunden wird, zu erweitern, ist im Zug der neuzeitlichen Befreiungsbewegung immer wieder auf große Widerstände gestoßen. Noch heute reagieren viele Männer latent oder manifest beleidigt auf die Gleichberechtigung der Frau, besonders in Witzen, und gegenüber Minderheiten wie Ausländern, Negern, Zigeunern und Strafgefangenen sind wir von der Verwirklichung des Gleichheitsprinzips noch viel weiter entfernt." (S. 8, 10)

Die Geltung des Gleichheitsprinzips darf nicht auf den Umgang der Menschen untereinander eingeschränkt werden:

„Warum aber sollte die Befreiungsbewegung gerade so weit gehen [bis zur Befreiung aller Menschen, H. F. K.] und nicht weiter? Der Gedanke, welcher ihr ihre Kraft und Richtung gibt, weist meines Erachtens über die Menschheit – und über diese Bewegung – hinaus. ... Ein für das menschliche Verhalten insgesamt so unabweisbarer Grundsatz wie das Gleichheitsprinzip muß für unser Verhalten gegenüber der natürlichen Mitwelt gleichermaßen gelten. Die Einsicht, daß der Mensch ein Naturwesen ist wie andere auch, und daß für ihn dieselben Naturgesetze gelten wie in der übrigen Biosphäre, ist für uns unausweichlich. ...

Hunde zum Beispiel sind keine Menschen, sondern Hunde, und es ist gänzlich verfehlt, Hunde wie Menschen zu behandeln. Insoweit aber Hunde und Menschen naturgeschichtlich verwandt sind, sind sie doch dasselbe, nämlich Säugetiere, und soweit diese Gleichheit reicht, sollten Hunde und Menschen auch entsprechend gleich behandelt werden. ... Die Kernfrage für das richtige Verhalten im Umgang mit unserer natürlichen Mitwelt ist ..., welche Gleichheiten mit dem naturgeschichtlichen Verwandtschaftszusammenhang verbunden sind und welche Rechte daraus folgen." (S. 8-12)

Die Leidens- und Interessenfähigkeit sind jene Gemeinsamkeiten zwischen Menschen und anderen Lebewesen, die im Zusammenhang mit der notwendigen Ausdehnung des Gleichheitsprinzips entscheidend sind:

„Eine sehr elementare Eigenschaft, die wir mit vielen Lebewesen gemeinsam haben, ist ... das Schmerzempfinden. ... Das rechte Verhalten gegenüber Tieren an dem ihnen zugefügten Schmerz zu bemessen, ist 1789 von Jeremy Bentham vorgeschlagen worden. Der Gedanke ist danach so alt wie die Französische Revolution und war von ihm auch als eine Erweiterung der Befreiungsbewegung auf das Tierreich gemeint, dessen Sklaverei oder Leibeigenschaft nun ebenfalls abgeschafft werden solle. ...

So wichtig das den Tieren von uns zugemutete Leiden für die Bemessung des verantwortbaren Verhaltens ihnen gegenüber ist, gibt es doch auch noch andere Lebensinteressen, die ebenfalls zu berücksichtigen sind. ... Interessen zu haben ist das Vermögen, den Dingen einen Wert oder Unwert beizulegen. Der Begriff des Interesses ist weiter als der der Leidensfähigkeit. Eine Schildkröte zum Beispiel hat naturgemäß im wesentlichen – bis auf Nahrung, Spaziergänge und Sonnenwärme – andere Interessen als ein Mensch. Beide aber entfalten in der Wahrnehmung ihrer

Umwelt gleichermaßen das Vermögen, den Dingen einen Wert oder Unwert beizulegen und sich entsprechend zu verhalten." (S. 12, 15)

Konkrete Anwendung des Gleichheitsprinzips:

„Konflikte müssen … von Fall zu Fall so entschieden werden, daß dem jeweils überwiegenden Interesse der Vorzug gegeben wird. … Würden wir die Interessen der natürlichen Mitwelt wenigstens dort berücksichtigen, wo sie offensichtlich sind, und sie hier in einer zu rechtfertigenden Weise gegen die unseren abwägen, so wäre schon viel gewonnen. Ich nenne ein einfaches Beispiel.

Ein Huhn hat, wie jedes Tier, ein Interesse daran, daß sein artgemäßes Bewegungsbedürfnis erfüllt wird. In der Batteriehaltung von Legehennen kann davon keine Rede sein, denn hier müssen sich zehn Hühner mit der Fläche der Doppelseite einer Zeitung begnügen. Dem Interesse des Huhns an Bewegung steht das Interesse des Menschen entgegen, Hühnereier möglichst billig kaufen zu können. Dabei handelt es sich um eine Preisdifferenz von vier oder fünf Pfennigen, das heißt Eier von Hühnern in Bodenhaltung sind etwa um diesen Betrag teurer als Eier aus der Legehennenhaltung in Batterien. Wie ist der Interessenkonflikt zu lösen? Die Antwort lautet hier meines Erachtens ganz eindeutig und unabhängig davon, wieweit unser Einblick in die Hühnerseele sonst reicht: Das Interesse des Bürgers – auch bei unterdurchschnittlichem Einkommen – an fünf Pfennigen Ersparnis pro Ei ist ungleich geringer als das Interesse des Huhns, sich artgemäß bewegen zu können.

Ich habe jedenfalls noch niemand gefunden, der mir die Frage bejaht hätte: Dürfen wir uns um einer Ersparnis von fünf Pfennigen pro Ei willen mitschuldig an der Tierquälerei machen? Nicht alle Interessenkonflikte werden so leicht lösbar sein, aber es wäre schon ein großer Fortschritt, wenn immerhin die nach dem Gleichheitsprinzip so eindeutig entscheidbaren Konflikte gelöst würden." (S. 16 f.)

Meyer-Abichs Schlußfolgerungen

Die Schlußfolgerungen, die Meyer-Abich aus seiner dargelegten Position zieht, sind abenteuerlich:

„Wenn man aber die den Tieren zuzuerkennenden Rechte, wie ich es tue, aus dem Gleichheitsprinzip begründet, liegt auf der Hand, daß nach demselben Prinzip auch Rechte der Pflanzen angenommen werden müssen. Denn es gibt Gleichheiten zwischen Menschen, Tieren und Pflanzen, so daß auch hier zweierlei gleich behandelt werden sollte, soweit die Gleichheit reicht, und verschieden, soweit Verschiedenheit besteht. Demgegenüber ist die Befreiungsbewegung in der Tradition der Französischen Revolution immer in der Gefahr, einen großen Chauvinismus durch einen weniger großen zu ersetzen, nicht aber den Chauvinismus selbst zu überwinden. So wäre es auch, wenn wir statt der Tiere und Pflanzen nun nur noch die Pflanzen äßen und damit das Problem gelöst zu haben glaubten.

Der Vegetarismus kann keine Lösung sein, denn auch Pflanzen sind Lebewesen. Ich sehe unter diesen Umständen keine Möglichkeit, ohne Gewalt gegenüber der natürlichen Mitwelt zu leben. Die Gewalt ist in der Welt. Es kann nicht darauf ankommen, so zu leben, als gäbe es sie nicht. Es gibt sie auch im Frieden, soweit wir ihn verwirklichen können. Der Frieden aber besteht immer nur insoweit, wie im Austrag der bestehenden Konflikte nur möglichst wenig Gewalt geübt wird." (S. 20 f.)

Kritik von Meyer-Abichs Schlußfolgerungen

Warum um alles in der Welt „liegt auf der Hand, daß nach demselben Prinzip auch Rechte der Pflanzen angenommen werden müssen"? Jene Eigenschaften, die laut Meyer-Abich im Zusammenhang mit der Ausdehnung des Gleichheitsprinzips über den menschlichen Bereich hinaus von Bedeutung sind, sind die Leidensfähigkeit und die Fähigkeit, Interessen zu haben. Können Pflanzen Schmerz empfinden? Haben Pflanzen Interessen, d. h., haben sie „das Vermögen, den Dingen einen Wert oder Unwert beizulegen und sich entsprechend zu verhalten"? Weder theoretische Überlegungen noch empirische Daten sprechen bei Pflanzen für eine Leidens- und Interessenfähigkeit. Wer so Spektakuläres annimmt, trägt die Beweislast. Bloße Behauptungen und vage Vermutungen haben kein argumentatives Gewicht.

Warum soll der Vegetarismus deshalb keine Lösung

sein, weil auch Pflanzen Lebewesen sind? Daß Pflanzen Lebewesen sind, ist ebenso unstrittig wie irrelevant: Es geht nicht darum, *daß* Pflanzen Lebewesen sind, sondern darum, *ob* sie *leidens- und interessenfähige* Lebewesen sind. Und dafür spricht nichts.

Daß es „unter diesen Umständen keine Möglichkeit [gibt], ohne Gewalt gegenüber der natürlichen Mitwelt zu leben", ist ebenfalls gleichermaßen unstrittig wie irrelevant: Die Frage ist nicht, ob wir *ohne Gewalt*, sondern ob wir *gemäß dem Gleichheitsprinzip* leben können (im übrigen schließen sich Gewalt und Gleichheit ja nicht aus).

Die Tatsache, daß „die Gewalt ... in der Welt" ist und daß es nicht darauf ankommen kann, „so zu leben, als gäbe es sie nicht", hat weder mit dem Gleichheitsprinzip noch mit dem Vegetarismus etwas zu tun: Weder das Gleichheitsprinzip noch der Vegetarismus behaupten oder fordern so etwas wie „das Ende aller Gewalt in der Welt". *Natürlich* sollen wir Gewalt, wo sie vorkommt, nicht *leugnen*, sondern, wo und insoweit es in unserer Macht steht, *verringern*! „Frieden ... besteht ... nur insoweit, wie im Austrag der bestehenden Konflikte *nur möglichst wenig* Gewalt geübt wird", wie Meyer-Abich selbst im übernächsten Satz richtig bemerkt. (Hervorhebung von H. F. K.) Die Aussage, daß der Vegetarismus hier keine Lösung sein kann, weil auch Pflanzen Lebewesen sind, kann man dann aber nur mehr als absoluten Unsinn bezeichnen: Zum einen ist fraglich, ob in bezug auf unseren Umgang mit Pflanzen der Ausdruck „Gewalt" *überhaupt* sinnvoll ist. Zum anderen wird sogar derjenige, der glaubt, daß Pflanzen leidens- und interessenfähig seien, einräumen, daß es eine *geringere Gewaltausübung* darstellt, einen Apfel zu pflücken, als etwa einem Schwein mit dem Messer den Hals aufzuschneiden. Ja selbst unter der absurden Annahme, daß Pflanzen und Tiere *gleich leidensfähig* sind (!) bzw. daß Apfelpflücken und Schweineschlachten *gleiche Gewaltausübung* bedeuten (!), wären wir verpflichtet, vegetarisch zu leben, da die Ineffizienz der Fleischproduktion (im Vergleich zur Pflanzenproduktion) zur Folge hat, daß diejenigen, die Fleisch essen, damit indirekt mindestens zehnmal so viele Pflanzen zerstören, als dies bei vegetarischer Ernährung der Fall wäre.

Zugegeben: Meyer-Abich ist hier nicht ganz leicht zu kritisieren. Nicht deshalb, weil seine Argumentation stringent wäre, sondern weil unklar bleibt, womit er eigentlich argumentiert: mit der Forderung nach Gewaltverringerung oder mit der Forderung nach Gleichheit? Hängt die Gleichheit von der Gewaltverringerung ab? Hängt die Gewaltverringerung von der Gleichheit ab? Oder besteht die Gleichheit in der Gewaltverringerung? Oder umgekehrt?

Wenn es jedenfalls um die *Gewaltverringerung* geht, dann ist der Vegetarismus, wie schon gezeigt wurde, sehr wohl eine Lösung! Dasselbe gilt aber auch, wenn es um die *Gleichheit* geht: Welche Interessen stehen sich gegenüber, wenn Menschen das Fleisch von Tieren essen wollen? Das Interesse des Menschen an einem *kurzfristigen* Gaumenkitzel steht dem Interesse des Tiers gegenüber, nicht *lebenslang* gequält und dann *umgebracht* zu werden. Laut Meyer-Abich müssen bei der Anwendung des Gleichheitsprinzips Interessenkonflikte so gelöst werden, „daß dem jeweils überwiegenden Interesse der Vorzug gegeben wird". Daß das tierliche Interesse, artgerecht zu leben und weiterzuleben, das menschliche Interesse nach einem kurzfristigen Geschmackserlebnis bestimmter Art überwiegt, kann vernünftigerweise von niemandem bezweifelt werden. Also führt auch die explizite Anwendung des Gleichheitsprinzips unausweichlich zum Vegetarismus!

Ich habe mich darauf beschränkt zu versuchen, den Kernwiderspruch in Meyer-Abichs Argumentation in bezug auf die Frage, ob der Vegetarismus eine Lösung sei, herauszuarbeiten – soweit dies angesichts der Unklarheit darüber, womit eigentlich argumentiert wird, möglich ist. Es ist unmöglich, auf sämtliche Widersprüche hinzuweisen, geschweige denn, sie herauszuarbeiten. Ich möchte deshalb nur beispielhaft auf zwei weitere Ungereimtheiten in bezug auf Meyer-Abichs Aussage, daß der Vegetarismus keine Lösung sei, hinweisen:

„Was ... vergeben wir uns, wenn wir, die wir Herrschaft in der Natur wahrnehmen – und dies meines Erachtens auch dürfen, *freilich nicht als Gewaltherrschaft* –, den Tieren und den Pflanzen als verwandten Wesen begegnen?" (S. 10, Hervorhebung von H. F. K.)

Meyer-Abich lehnt also eine menschliche Gewaltherrschaft gegenüber den Tieren ab. Was anders als eine *Gewaltherrschaft* ist es aber, was in den Schlachthäusern der ganzen Welt tagtäglich – stündlich – praktiziert wird! Die Tiere springen ihren Schlächtern doch nicht freudig und freiwillig entgegen! Sie werden mit *roher Gewalt* ihren Mördern entgegengeprügelt oder mit *technisch instrumentalisierter Gewalt* auf Förderbändern, den Kopf nach unten hängend, den Schlachtmessern entgegengezerrt.

„Die weitergehende Frage ist ..., ob es überhaupt durch irgendeine Art von Nutzen gerechtfertigt werden kann, Tieren Leiden zuzufügen, welche Menschen sich nicht gefallen lassen würden. Nach dem von mir vorgeschlagenen Gleichheitsprinzip ist diese Frage zu verneinen." (S. 13)

Eine Kommentierung dieser Passage vor dem Hintergrund der Aussage, der Vegetarismus sei keine Lösung, erübrigt sich wohl. Ich kenne jedenfalls keinen Menschen, der sich freiwillig foltern oder ermorden ließe, geschweige denn beides und noch dazu für den trivialen Zweck, jemandes Geschmacksnerven zu stimulieren.

Deutungsversuch von Meyer-Abichs Schlußfolgerungen

Haben wir es hier mit ausgekochtem Sophismus zu tun? Handelt es sich hier um den spitzfindigen Versuch, eine Sache (das Fleischessen) zu verteidigen, die bei diesen Voraussetzungen de facto nicht zu rechtfertigen ist? Auf den ersten Blick mag es so scheinen. Doch wenn man sich die entsprechenden Passagen näher ansieht, wird klar, daß die Argumentation weniger sophistisch als vielmehr falsch, *offenkundig* falsch, ist.

Eine andere Deutung, die der sophistischen quasi entgegengesetzt ist, wäre: Hier haben wir es nicht mit dem Ergebnis besonders spitzfindigen Denkens zu tun, sondern mit der Folge einer Denk*hemmung* (das ist keine persönliche Beleidigung, sondern ein psychoanalytischer Terminus). Wichtige Aspekte dieser Deutungsmöglichkeit formuliert Peter Singer (1982) so:

„Unsere Einstellung zu Tieren beginnt sich zu bilden, wenn wir noch sehr jung sind, und sie wird von der Tatsache dominiert, daß wir in sehr frühem Alter beginnen, Fleisch zu essen. Interessanterweise weigern sich viele Kinder zuerst, das Fleisch von Tieren zu essen, und gewöhnen sich erst nach erheblichen Anstrengungen der Eltern, die irrtümlich annehmen, es sei für eine gute Gesundheit notwendig, an den Fleischverzehr. Welche auch immer aber die ursprüngliche Reaktion des Kindes sein mag, wichtig ist, daß wir Fleisch essen, bevor wir überhaupt imstande sind zu begreifen, daß das, was wir essen, der tote Körper eines Tieres ist. Auf diese Weise treffen wir nie eine bewußte, informierte Entscheidung, frei von dem Vorurteil, das jede langjährige Gewohnheit begleitet." (S. 237)

Bei den allermeisten Menschen ist es so, daß ihnen die Entscheidung darüber, ob sie Fleisch essen wollen oder nicht, abgenommen, richtiger: *weg*genommen wird: Es wird *für* das Kind – oft *gegen* seinen Willen – entschieden, *daß* es Fleisch ißt, und dies – das ist der springende Punkt – zu einer Zeit, zu der dem Kind die Implikationen des

Fleischessens (nämlich, daß es sich bei Fleisch um tote Tiere handelt, die ausschließlich für Nahrungszwecke getötet werden) in keiner Weise bekannt, geschweige denn bewußt sind. Dadurch, daß dem Menschen diese Entscheidung *insgesamt* abgenommen wird, wird er natürlich auch der Möglichkeit beraubt, diese Entscheidung *aufgrund eigenen Denkens* zu treffen. Dies kommt in der Wirkung einem *Denkverbot* gleich. Einen analogen *psychischen Mechanismus* (wenngleich in bezug auf einen anderen Inhalt) samt seinen Konsequenzen beschreibt Sigmund Freud (1963) so:

„Denken Sie an den betrübenden Kontrast zwischen der strahlenden Intelligenz eines gesunden Kindes und der Denkschwäche des durchschnittlichen Erwachsenen. Wäre es so ganz unmöglich, daß gerade die religiöse Erziehung ein großes Teil Schuld an dieser relativen Verkümmerung trägt? Ich meine, es würde sehr lange dauern, bis ein nicht beeinflußtes Kind anfinge, sich Gedanken über Gott und Dinge jenseits dieser Welt zu machen. Vielleicht würden diese Gedanken dann dieselben Wege einschlagen, die sie bei seinen Urahnen gegangen sind, aber man wartet diese Entwicklung nicht ab, *man führt ihm die religiösen Lehren zu einer Zeit zu, da es weder Interesse für sie noch die Fähigkeit hat, ihre Tragweite zu begreifen. ... Wenn dann das Denken des Kindes erwacht, sind die religiösen Lehren bereits unangreifbar geworden*. Meinen Sie aber, daß es für die Erstarkung der Denkfunktion sehr förderlich ist, wenn ihr ein so bedeutsames Gebiet durch die Androhung der

Höllenstrafen verschlossen wird? Wer sich einmal dazu gebracht hat, alle die Absurditäten, die die religiösen Lehren ihm zutragen, ohne Kritik hinzunehmen, und selbst die Widersprüche zwischen ihnen zu übersehen, dessen Denkschwäche braucht uns nicht arg zu verwundern." (S. 370 f.; Hervorhebung von H. F. K.)

Um Mißverständnissen vorzubeugen: Es wird selbstverständlich nicht der Anspruch erhoben, hiermit eine *hinreichende* Erklärung zu liefern, geschweige denn eine *allgemeine* „Diagnose" zu stellen. Es geht ausschließlich um den Versuch, *für diese konkreten bizarren Schlußfolgerungen* Meyer-Abichs *erklärende Aspekte* zu sondieren.

Andererseits handelt es sich bei dieser rational nicht mehr nachvollziehbaren Argumentation gegen den Vegetarismus um kein singuläres Phänomen. Peter Singer (1982) bemerkt treffend:

„Es gibt da ein oft wiederholtes Muster. Wenn man die Schriften vom späten achtzehnten Jahrhundert an liest, trifft man häufig auf Abschnitte, in denen der Autor mit so starken Begriffen ausdrückt, daß es falsch ist, wie wir die Tiere behandeln, daß man sicher ist, hier endlich jemanden gefunden zu haben, der sich ganz von speziesistischen Ideen freigemacht hat – und sich folglich auch von der am weitesten verbreiteten aller speziesistischen Praktiken, nämlich dem Verzehr anderer Lebewesen, gelöst hat. Mit ein oder zwei bemerkenswerten Ausnahmen ... wird man immer enttäuscht. Plötzlich wird eine Einschränkung gemacht oder eine neue Erwägung eingeführt, und der Autor erspart sich die Gewissensbisse über seine Ernährungsweise, die seine Argumentation mit Sicherheit hervorgerufen zu haben schien." (S. 229)

Der Wunsch, seine Ernährungsgewohnheiten und -vorlieben beizubehalten, treibt offenkundig seltsame Blüten. Wir müssen darauf gefaßt sein, daß philosophischen Überlegungen in bezug auf dieses Thema nur sehr begrenzt zu trauen ist, da die Philosophie hier erkennbar durch die Psychologie korrumpiert wird. Zum Glück sind wir hier auf philosophische Überlegungen im Grunde aber gar nicht angewiesen: Vor die Wahl gestellt, seinen Hunger durch das Pflücken eines Apfels oder durch das Töten eines uns in die Augen blickenden Tieres zu stillen, weiß (fast) jeder, welche Wahl die richtige ist.

Literatur

Freud, Sigmund: *Gesammelte Werke*, Band 14. Frankfurt am Main: Fischer, ^{3}1963.

Kaplan, Helmut F.: *Philosophie des Vegetarismus.* Frankfurt am Main: Lang, 1988.

Kaplan, Helmut F.: *Warum Vegetarier?* Frankfurt am Main: Lang, 1989.

Meyer-Abich, Klaus Michael: *Frieden mit den Tieren.* In: Klaus Franke (Hrsg.): Mehr Recht für Tiere. Reinbek: Rowohlt, 1985.

Singer, Peter: *Befreiung der Tiere.* München: Hirthammer, 1982.

Wozu Tierschutz vor dem Weltuntergang?

Jeder, der über den Zustand der Welt informiert und ehrlich zu sich selbst ist, weiß: Wir steuern unausweichlich dem Ende zu. Atomverseuchung, Umweltzerstörung und Bevölkerungsexplosion werden uns umbringen. Wir haben in beeindruckender, ja in überwältigender Weise bewiesen, daß wir aus Fehlern nichts lernen. Damit ist unser Schicksal besiegelt. Die Frage ist nicht mehr, *ob* die Welt untergeht, sondern nur noch, *wann* sie untergeht. Wann sie *endgültig*, für alle, untergeht, müßten wir korrekterweise sagen, denn das Ende hat ja längst begonnen. Schon heute sterben Millionen von Menschen an den Folgen von Umweltvergiftung und Überbevölkerung. Offen ist nur mehr, wann es auch uns erwischt.

Wozu sollten wir uns angesichts des bevorstehenden sicheren Endes noch mit einer so schwierigen und langfristigen Aufgabe herumschlagen, wie es die Befreiung der Tiere aus menschlicher Tyrannei ist? Es hat doch ohnehin alles keinen Zweck mehr. Vollenden können wir diese Arbeit sowieso nicht. Und wenn, was hätte es für einen Sinn, wo es doch keine Zukunft mehr gibt?

Trotz dieser Situation, die jedes langfristige Engagement absurd erscheinen läßt, gibt es meines Erachtens aber dennoch zwei nichtneurotische, rationale Motive für die Fortsetzung der Arbeit zur Befreiung der Tiere.

Zunächst: Kein Mensch weiß, wann das Ende tatsächlich kommen wird. Vielleicht haben wir noch einige Jahrzehnte Zeit und können die Befreiung der Tiere vollenden. Damit würden wir ungeheuer viel Leiden verhindern. Es wäre zynisch – und egoistisch – zu sagen (oder zu denken): Weil es keine Zukunft mehr geben wird, in der unsere Verdienste angemessen gewürdigt werden, zahlt sich das Engagement für die Befreiung der Tiere nicht mehr aus.

Aber auch wenn uns nur mehr fünf Jahre bleiben, können wir in dieser Zeit viel Gutes bewirken, wenn wir weiter für die Befreiung der Tiere kämpfen: So wie schon heute viel Leid verhindert wird durch die Millionen von Menschen, die bisher dank der Tierrechtsbewegung zu Vegetariern wurden, so können wir Tieren auch in Zukunft viele Qualen ersparen, wenn wir jetzt konsequent weiterarbeiten.

Angesichts des bevorstehenden Endes müssen wir uns frei machen von irrationalen Vollkommenheitsphantasien, das heißt von der Vorstellung, daß etwas nur dann einen Sinn hat, wenn es „vollendet“ ist oder werden kann. So wie ein schöner Tag auch dann einen Sinn hat, wenn er der letzte und nicht Teil eines schönen, „vollendeten“ Lebens ist, so hat das Lindern von Tierleid auch dann einen Sinn, wenn es nicht ein Schritt zur endgültigen, „vollendeten“ Befreiung der Tiere ist. Das Mehren von Glück und das Lindern von Leid sind Werte an sich und bedürfen nicht der Legitimierung durch einen Gesamt- oder Enderfolg.

Der zweite Grund, der für die Befreiung der Tiere trotz des heraufziehenden Endes spricht, ergibt sich aus folgendem Umstand. In einer schwierigen Lage auf Wunder zu hoffen, ist normalerweise nicht besonders vernünftig. Anders ist es bei der heutigen Situation der Menschheit: Uns kann *nur* noch ein Wunder retten. Andere Möglichkeiten scheiden angesichts unseres bisherigen Verhaltens und unserer Reaktionen auf dessen Konsequenzen aus. In *dieser* Situation, wo wir uns aus eigener Kraft nicht mehr helfen können, ist das Hoffen auf ein Wunder legitim.

Legitim ist es dann aber auch zu versuchen, einen Beitrag dazu zu leisten, dieses Wunder vielleicht *etwas* wahrscheinlicher zu machen.

Neben der unendlichen Dummheit des Menschen ist sein grenzenloser *Egoismus* die Ursache für unsere heutige ausweglose Lage. Wer dazu Gelegenheit hat, nützt Mitmenschen und Umwelt rücksichtslos und hemmungslos aus. Notwendige weitreichende und langfristige Maßnahmen zur Rettung des Lebens auf der Erde werden durch die schrankenlose Profit- und Konsumgier verhindert.

Die Umweltschutzbewegung steht nur scheinbar im Gegensatz zu diesem Egoismus. Was nämlich auf den ersten Blick wie die *Überwindung* des menschlichen Egoismus aussieht, entspricht tatsächlich lediglich einer *Modernisierung* des Egoismus, einer Anpassung an die veränderten Rahmenbedingungen menschlichen Lebens: Der Umweltschützer bewahrt die Umwelt nämlich in Wirklichkeit nicht um der Umwelt willen, sondern ausschließlich um seiner *selbst* willen, damit er auch weiterhin intakte Lebensbedingungen vorfinde.

Die Verwirklichung der Ziele der Tierrechtsbewegung bedeutet hingegen eine echte Überwindung des menschlichen Egoismus. Denn mit der Ausbeutung von Tieren könnten wir ewig fortfahren (wenngleich wir dies auf ökologisch „klügere“ Weise machen müßten als bisher), *ohne* daß dadurch unsere „Lebensqualität“ beeinträchtigt würde. Und wir müßten auch niemals befürchten, daß sich die Tiere je an uns rächen würden für das, was wir ihnen antun.

Wenn wir also die Tiere befreien bzw. dafür kämpfen, so tun wir das ohne Not, ohne Druck, ohne Angst, ansonsten eines Tages von den Tieren „angeklagt“ oder „bestraft“ zu werden. Wir handeln aus „reinen“, selbstlosen, moralischen Motiven.

Die vorangegangenen Befreiungen von Unterdrückten, zum Beispiel die Befreiung der Sklaven und die Befreiung der Frauen, waren *richtig und vernünftig*: Für die Ausbeuter war es letztlich vorteilhafter, den Unterdrückten „freiwillig“ Rechte einzuräumen, als zu warten, bis sie mit Gewalt dazu gezwungen würden. Die Befreiung der Tiere ist hingegen *nur richtig*, das heißt ausschließlich moralisch motiviert. Tiere könnten wir, wie gesagt, ewig ausbeuten, ohne befürchten zu müssen, daß sie uns je schaden oder sich gegen uns erheben werden.

Deshalb ist der Kampf für die Befreiung der Tiere die beste Übung und der zuverlässigste Garant für die *wirkliche* Überwindung des menschlichen Egoismus, der, wie ausgeführt, eine der Hauptursachen für das nun bevorstehende Ende darstellt. *Vielleicht* könnten wir durch den Sieg über unseren Egoismus in letzter Sekunde noch ein Wunder ermöglichen.

Jetzt, angesichts des Todes, zeigt sich, was der Lohn für das Gut-Sein, für die Befolgung der moralischen Grundregel – Was du nicht willst, daß man dir tu´, das füg´ auch keinem andern zu – gewesen wäre: Leben.

Glück und Moral

Ich fahre gerade mit dem Zug von Salzburg in Richtung Wien. Ich betrachte die unwirklich schöne Frühlingslandschaft rund um den Wallersee. Eine Frau und zwei kleine Kinder bleiben am Wege stehen und schauen zum Zug. Ich denke an meine Kinder. Ich denke, wie es wäre, hier mit meiner Familie einen Ausflug zu machen. Ich stelle mir vor, hier einen schönen Tag zu verbringen. In diesem Augenblick fällt mir ein Satz aus einer Tierrechtszeitschrift ein: Animals never have a nice day. Tiere in Versuchslabors, Farmen, Zoos usw. haben nie einen schönen Tag. Geschweige denn einen schönen Tag mit ihrer Familie. Sie sind immer – immer! – einsam, eingesperrt, traurig, verzweifelt. Verloren im Unglück, das wir ihnen bereiten. Und da wird er mir plötzlich ganz klar, der Zusammenhang zwischen Glück und Moral – und der Unterschied zwischen Mensch und Untermensch: Solange wir, die wir „draußen", in der Freiheit, im Glück sind, denen nicht helfen, die „drinnen", im Gefängnis sind, so lange haben wir kein Recht auf Glück. Wer genießt, ohne zu helfen, macht sich schuldig und verdient nicht zu leben.

EINWÄNDE GEGEN DEN VEGETARISMUS UND IHRE BEANTWORTUNG

„Die Menschen kommen zuerst“

Solange es auf der Welt so viel menschliches Leid gibt, ist es geradezu unverantwortlich, unsere Energie mit Fragen in bezug auf die richtige Behandlung von Tieren zu vergeuden. Zunächst müssen einmal die viel wichtigeren menschlichen Probleme gelöst werden. Danach können wir uns dann auch mit Fragen hinsichtlich des richtigen Umgangs mit Tieren befassen.

1. Wer sich nicht der Mühe unterzieht, die wirkliche Situation der Tiere, d. h. die diesbezüglich relevanten *Fakten* kennenzulernen, der kann überhaupt nicht beurteilen, ob es sich hier um weniger wichtige Probleme als bei Menschen handelt. (Peter Singer)

2. Wenn man sich diejenigen Menschen näher ansieht, die auf der größeren Wichtigkeit der menschlichen Probleme beharren, so stellt man fest, daß diese Argumentation offenkundig nur als Ausrede und Entschuldigung dafür herhalten muß, *weder* für Menschen *noch* für Tiere etwas zu tun. (Peter Singer)

3. Im gesamten Bereich gemeinnütziger Tätigkeiten ist die Aufgabenteilung sinnvoll und selbstverständlich. So wird etwa niemand einer Museumsgesellschaft den Vorwurf machen, sich nur um alte Kunst und nicht auch um alte Menschen zu kümmern. (Gotthard M. Teutsch) Deshalb ist es nicht nur legitim, sondern sogar absolut notwendig,

daß es Menschen gibt, die sich besonders um die Probleme in bezug auf Tiere kümmern und hier Informations- und Aufklärungsarbeit leisten.

4. Eine absolute Prioritätensetzung, wonach nachgeordnete Werte erst nach der vollen Verwirklichung der übergeordneten Werte angestrebt werden dürften, ist unsinnig, unmenschlich und unmoralisch. Entsprechend einer solchen absoluten Prioritätensetzung wäre es nicht nur unmoralisch, irgend etwas für Tiere zu tun, solange es noch irgendwo einen leidenden Menschen gibt; folgerichtig dürfte sich auch der Arzt nur noch um Schwerkranke, der Lehrer nur noch um Sorgenkinder und die Justiz nur noch um Kapitalverbrechen kümmern. Auch dürften wir Fremden erst helfen, nachdem in Familie, Nachbarschaft und Bekanntenkreis alle Bedürfnisse voll befriedigt sind. (Gotthard M. Teutsch) „Zweitwichtigstes so lange zu unterlassen, bis alles Wichtigste sich erledigt hat, wäre das Ende aller Kultur“ (Robert Spaemann).

5. Es geht nicht nur um abstrakte Prioritäten, sondern auch darum, wo wir Unrecht und Leiden *konkret* begegnen. So wäre es zum Beispiel wohl ein eigenartiges Verhalten, wenn wir zu einem Unfall kämen und dem Verletzten die Hilfe mit der Begründung versagten: „Anderswo gibt es *noch* Wichtigeres zu tun.“ (Beispiel nach Mary Midgley) Mit Problemen in bezug auf Tiere werden wir aber jeden Tag *konkret* konfrontiert: Jedesmal wenn wir Fleisch essen, unterstützen wir damit den sinnlosen

und grausamen täglichen Massenmord an unschuldigen Tieren.

„Der Mensch ist biologisch gesehen kein Vegetarier“

Die Frage nach der Richtigkeit oder Falschheit des Fleischessens stellt sich gar nicht, da der Mensch schon rein biologisch kein Vegetarier ist.

„Biologisch“ ist der Mensch sehr vieles nicht, er ist zum Beispiel auch kein Telefonierer, Brillenträger oder Bücherleser. „Biologisch“ sind wir nämlich Steinzeitmenschen, seit mindestens 30.000 organisch, d. h. körperlich als Art völlig unverändert. Dennoch hat sich seit der Steinzeit einiges geändert. Heute *können* wir telefonieren, Brillen tragen und Bücher lesen. Und dies scheint auch kein Widerspruch zu sein. Jedenfalls habe ich noch niemanden sagen hören: „Warum liest du ein Buch, das haben wir in der Steinzeit doch auch nicht gemacht!“

Darüber hinaus gibt es auch viele „unnatürliche“ Dinge, von denen wir sogar überzeugt sind, daß wir sie tun *sollen*. Wenn zum Beispiel ein Kind eine Blinddarmentzündung hat, an der es, unbehandelt, sterben müßte, so sind wir der Meinung, daß wir es operieren sollten, *obwohl* dies offensichtlich eine höchst „unnatürliche“ Sache ist: „Biologisch“ ist der Mensch nämlich offenkundig auch kein operierendes Wesen: Er benötigt dazu eine Unmenge von „künstlichen“ Hilfsmitteln.

Der Grund, warum biologische Wesensbestimmungen des Menschen unsinnig sind, ist ganz einfach der, daß das Wesentliche am Menschen gerade nicht seine biologischen

Grundlagen sind, sondern das, was er aus ihnen macht. Die gesamte menschliche Entwicklung seit der Steinzeit ist *nicht* eine *biologische*, sondern eine *psychologische*: Alles, worin wir uns heute vom Steinzeitmenschen unterscheiden – vom Zähneputzen bis zur Anerkennung der Menschenrechte –, ist nicht die Folge einer biologischen Bestimmung, sondern das Ergebnis einer kulturellen Entwicklung. […]

„Woher wissen wir, daß Pflanzen nicht leiden?“

Wie sollen wir sicher sein, daß nicht auch Pflanzen leiden, wenn wir sie ernten, um uns von ihnen ernähren zu können? Wenn dies aber so ist, dann können wir gleich beim Fleischessen bleiben.

1. Alle Vernunft und alle Fakten sprechen *gegen* die Leidensfähigkeit von Pflanzen. Insbesondere trifft bei Pflanzen keiner der Gründe zu, die bei Tieren *für* die Leidensfähigkeit sprechen:

- Pflanzen weisen kein Verhalten auf, das Schmerz nahelegt.
- Pflanzen haben nichts, was einem zentralen Nervensystem ähnelt.
- Pflanzen sind nicht in der Lage, sich von einer Schmerzquelle zu entfernen, so daß Schmerz bei Pflanzen keinen evolutionären Nutzen hätte. (Peter Singer)

2. Selbst wenn sich herausstellen *sollte*, daß Pflanzen doch leidensfähig sind, so spräche dies dennoch nicht für das Fleischessen. Denn aller Voraussicht nach wären Pflanzen weniger schmerzempfindlich als Tiere, so daß wir das geringere Übel wählen, das heißt Pflanzen statt Tiere essen müßten. (Peter Singer)

3. Selbst wenn Pflanzen und Tiere *gleich* schmerzempfindlich wären, müßten wir vegetarisch leben, wenn wir unnötiges Leiden verhindern wollten, denn: Aufgrund der Ineffizienz der Fleischproduktion würden wir durch Fleischessen zehnmal so viele Pflanzen zerstören wie dies bei einer vegetarischen Lebensweise der Fall ist. (Peter Singer)

„Man könnte die Tiere auch leidensfrei aufziehen und töten“

Die Fleischproduktion ist nicht notwendig mit Leiden verbunden. Man könnte die Tiere auch so aufziehen und töten, daß ihnen dabei kein Leiden zugefügt wird. Deshalb ist Fleischessen auch nicht grundsätzlich falsch.

1. Es bedarf schon einer ziemlichen Selbstüberlistung, um hieraus eine Rechtfertigung für das Fleischessen abzuleiten. Denn die entscheidende Frage ist ja überhaupt nicht: „Kann man Tiere *prinzipiell* leidensfrei aufziehen und töten?“, sondern: „Wie werden die Tiere *tatsächlich* aufgezogen und getötet?“ Und Tatsache ist, daß das Fleisch, das wir im Geschäft oder Supermarkt kaufen, von Tieren stammt, die im Leben und beim Sterben gelitten *haben*. Die Frage ist also nicht: „Ist es *überhaupt* richtig, Fleisch zu essen?“, sondern: „Ist es richtig, *dieses* Fleisch zu essen?“ (Peter Singer)

Wer sein *konkretes Fleischessen* mit einer angeblichen *prinzipiellen Möglichkeit*, Tiere leidensfrei aufzuziehen und zu töten, rechtfertigt, der handelt wie der, der kleine Kinder als Heizmaterial verwendet und sich dabei damit rechtfertigt, daß er auch Holz nehmen *könnte*.

2. Leidensfreie Methoden für Aufzucht, Transport und Schlachtung für die *Milliarden* von Tieren, die heute jährlich „verarbeitet“ werden, sind ganz bestimmt *niemals* realisierbar, und zwar aus (mindestens) einem ganz einfachen

Grund: Sie wären nicht bezahlbar. Die Idee einer leidensfreien „Tierproduktion" großen Stils ist absolut unrealistisch.

3. Auch die sogenannte „biologische" Tierzucht ist, wenngleich „tiergerechter" als die Massentierhaltung, weit davon entfernt, ein leidensfreies Leben und Sterben der Tiere zu gewährleisten. Dies vor allem deshalb, weil das primäre Ziel dieser Form der Tierzucht ja *nicht* darin besteht, die *Tiere* glücklich zu machen (dafür gäbe es vielleicht geeignetere Methoden, als sie umzubringen!), sondern den *Menschen* „natürliches", „gesundes" Fleisch zu liefern.

Folgerichtig unterscheidet sich die „biologische" Tierzucht, wie schon ihr Name sagt, von der „normalen" Tierzucht vor allem in bezug auf die Aufzucht und Haltung, aber *nicht* in bezug auf die *Schlachtung*.

Hinzu kommt: Sollten die Tiere wirklich „human" aufgezogen werden, so wird die Schlachtung und alles, was dem eigentlichen Schlachtvorgang vorausgeht (zum Beispiel das Sehen, Hören, Riechen und Fühlen, was jetzt bevorsteht), ein *um so schockierenderes und um so grauenvolleres Erlebnis* sein: An liebevolle Behandlung durch den Menschen gewöhnt, wird das Tier völlig unvorbereitet der barbarischen Rücksichtslosigkeit und Brutalität des Schlachtbetriebs, der Hölle schlechthin ausgeliefert.

Aber selbst wo die „alternativen" Fleischproduzenten versuchen *sollten*, auch bei der Schlachtung „tiergerecht" zu sein (was immer dies in diesem Zusammenhang bedeuten soll), bleibt die Tatsache bestehen, daß sich das *Um-*

bringen nun einmal nur in sehr engen Grenzen *biologisch* gestalten läßt!

All diese Überlegungen treffen auf das Fleisch, das wir im Geschäft oder im Supermarkt kaufen, aber ohnehin nicht zu. Hier haben wir die absolute Gewißheit, daß die Tiere, von denen dieses Fleisch stammt, vom ersten bis zum letzten Atemzug schwerste Qualen und Mißhandlungen erlitten haben.

„Tiere fressen einander auch“

Weil Tiere sich gegenseitig fressen, dürfen wir auch Tiere essen. In der ganzen Natur herrscht das Recht des Stärkeren, und wir sind doch auch ein Teil der Natur. Und da wir nun einmal stärker sind als die Tiere, ist es ganz natürlich und deshalb auch moralisch in Ordnung, wenn wir Tiere essen.

1. Zunächst ist an dieser Argumentation interessant, daß gerade diejenigen, die ansonsten immer die Sonderstellung des Menschen betonen („Krone der Schöpfung“, „Gottesebenbildlichkeit“, „Vernunftbegabtheit“ usw.), also die *Unähnlichkeit mit dem Tier*, hier auf einmal mit einer angeblichen *Ähnlichkeit mit dem Tier* argumentieren: Wir sind im Grunde auch Tiere, und Tiere fressen einander nun einmal.

Aber ausgerechnet *hier*, in bezug auf das Fleischessen, gibt es zwischen Mensch und Tier *keine* Ähnlichkeit: Tiere (genauer: die fleischfressenden Tiere) *müssen* Fleisch fressen, Menschen *nicht*. Der Mensch *hat* eine Entscheidungsmöglichkeit, das Tier *nicht*. *Der Mensch kann moralisch handeln, das Tier nicht*: „Tiere können nichts, was sie nicht dürfen, aber der Mensch kann eine Menge Dinge tun, die er nicht darf“ (Konrad Lorenz). Kurz: Tiere können nicht unsere moralischen Vorbilder sein, weil Tiere nicht moralisch handeln können.

2. Aus der „Natürlichkeit“ einer Sache folgt nicht ihre

psychologische Notwendigkeit. Ansonsten wäre es ja zum Beispiel absolut irrational und sinnlos, sich gegen den Krieg und für den Frieden einzusetzen, da Kriege zu führen auch „natürlich“ ist. Hier unterstellen wir – vernünftiger und richtigerweise – auch, daß der Mensch fähig ist, den „natürlichen“ Hang zum Krieg im Zuge einer Weiter- und Höherentwicklung zu *überwinden.*

3. Aus der „Natürlichkeit“ einer Sache folgt nicht ihre *moralische Richtigkeit* (ebensowenig wie aus der „Künstlichkeit“ einer Sache ihre moralische Falschheit folgt). Ansonsten dürften wir nicht Naturkatastrophen bekämpfen oder Armen, Schwachen und Behinderten helfen – zumindest nicht, wenn ihre Armut, Schwäche oder Behinderung „natürlich“ entstanden ist. Auch dürften wir keine Schulen bauen und keine Wissenschaft und Kunst betreiben. Kurz: Wenn wir „Natürlichkeit“ als moralische Richtschnur akzeptierten, dann dürften wir all das nicht tun, was den Menschen erst zum Menschen macht.

4. Wir akzeptieren das „Recht des Stärkeren“ ohnehin nicht als moralische Richtschnur! Im gesamten ethischen und rechtlichen Denken besteht, wie Gotthard M. Teutsch ganz richtig bemerkt, weitgehend Einvernehmen darüber, „daß Überlegenheit zwar Macht, aber niemals moralisch begründetes Recht verleiht“: Kein zivilisierter Mensch beruft sich in moralischen Fragen auf das „Recht des Stärkeren“; niemand rechtfertigt seine Handlungen damit, daß er sie ausführen *kann.* Denjenigen, der Schwächeren seinen

Willen aufzwingt, sehen wir – zu Recht – nicht als moralisch gerechtfertigt an, sondern als einen rücksichtslosen Barbaren.

„Ich allein kann doch ohnehin nichts verändern“

Ich alleine kann doch ohnehin nichts bewirken, auf mich kommt es ja gar nicht an. Wenn ich nun aufhören würde, Fleisch zu essen, so fiele das angesichts der vielen Menschen, die weiterhin Fleisch essen, gar nicht ins Gewicht. Deshalb hätte es überhaupt keinen Sinn, wenn ich jetzt Vegetarier würde.

1. Diese Argumentation ist vom moralischen Standpunkt aus betrachtet ziemlich eigenartig. Das sieht man sofort, wenn man sich einen ganz analogen Sachverhalt vergegenwärtigt: Jeden Tag werden auf der Welt Tausende von Menschen umgebracht und jeden Tag verhungern auf der Welt Tausende von Menschen. Es fiele also auch überhaupt nicht ins Gewicht, wenn ich auch noch jemanden umbringen würde. Dennoch kenne ich niemanden, der so argumentieren würde, um einen Mord zu rechtfertigen.

2. Die Fleischindustrie ist nicht der einzige Bereich, in dem Dinge, die wir verurteilen, passieren, ohne daß wir sie durch unser Handeln unmittelbar entscheidend beeinflussen können. Man denke etwa an das Wettrüsten. Was haben wir dagegen gemacht? Wir haben dagegen demonstriert!

Vegetarisch zu leben, ist auch eine Art Demonstration. Wir signalisieren und bekennen damit, daß wir es für falsch und unverantwortbar halten, Tieren aus einem so trivialen Grund wie dem Wunsch nach einem bestimmten Geschmackserlebnis Leiden zuzufügen und das Leben zu nehmen.

Vegetarier zu werden ist aber nicht irgendeine Demonstration gegen das Quälen und Umbringen von Tieren für unseren Gaumenkitzel. Es ist vielmehr die einzige glaubwürdige und das heißt die einzige erfolgversprechende Demonstration: Kein Mensch kann jemand anderen von der Falschheit einer Verhaltensweise überzeugen, die er selbst praktiziert!

Darüber hinaus ist die vegetarische Lebensweise, im Unterschied zu anderen Demonstrationen, bei genügendem Umfang, das heißt bei genügend vielen Beteiligten gleichzeitig und unmittelbar ein *Erfolg in der Sache selbst*: Während andere Demonstrationen (zum Beispiel gegen das Wettrüsten) auch bei noch so großem Umfang immer nur die *Voraussetzung* für die gewünschte Veränderung sind, ist der Vegetarismus gleichzeitig das *Ziel selbst*: die Verhinderung des unnötigen Leidens und Sterbens von Tieren.

3. Die Grenzen zwischen persönlicher Ohnmacht und Macht sind fließend und veränderbar. Man denke etwa an den Umweltschutz: Auch hier gibt es Mechanismen und Strukturen, die der einzelne zunächst einmal nicht unmittelbar beeinflussen kann (zum Beispiel die Verwendung von nichtwiederverwertbaren Materialien von seiten der Industrie). Dennoch verhalten sich überzeugte und konsequente Umweltschützer so, als *könnten* sie diese Mechanismen und Strukturen beeinflussen. Und als Folge hiervon zeigt sich,

daß der einzelne bzw. die Summe der einzelnen durch ihr Verhalten *tatsächlich* etwas bewegen können!

4. Keine der großen und schließlich erfolgreichen Protestbewegungen gegen Unrecht, Unterdrückung und andere Mißstände wäre je entstanden, wenn sich deren Initiatoren und Anführer erst bemüht hätten, als sie sich des Erfolges schon sicher waren. (Peter Singer) Das mutige und konsequente Eintreten *einzelner* für Ideen, die sie für richtig halten, ist die unerläßliche Voraussetzung für jede grundlegende Veränderung und Entwicklung.

5. Alle großen Verbrechen funktionieren nur durch die vielen kleinen Mitläufer, die sich vor der persönlichen Verantwortung drücken und deren „Rechtfertigung" immer dieselbe ist: „Was hätte ich tun sollen? Auf mich ist es doch gar nicht angekommen!"

ANHANG (NEU)

Faktische Gründe für eine vegetarische Ernährung (Beispiele)

Hunger

1) Die Tiere, deren Fleisch wir essen, benötigen 90 Prozent des Futters, das wir ihnen geben, zur Aufrechterhaltung ihres eigenen Stoffwechsels. Das heißt: Wenn wir selbst Pflanzen essen würden (uns also vegetarisch ernähren würden), anstatt die Pflanzen an Tiere zu verfüttern, um dann deren Fleisch zu essen, könnten wir zehnmal soviele Menschen ernähren.[1]

2) Auf der Landfläche, die benötigt wird, um 1 kg Fleisch zu erzeugen, könnte man im gleichen Zeitraum 200 kg Tomaten ernten.[2]

3) 70 Prozent des weltweiten Landwirtschaftslandes werden für die Viehhaltung verwendet.[3]

Umweltzerstörung: Wasser

1) Über 50 % der Wasserverschmutzung Europas wird durch die Massentierhaltung verursacht.[4]

2) Mit dem Wasserverbrauch, der für die Erzeugung von 1 kg Fleisch nötig ist, könnte man ein ganzes Jahr lang täglich duschen.[5]

Umweltzerstörung: Klima

1) Ein Vegetarier verursacht etwa die Hälfte der Treibhausgase, die ein Allesesser verursacht.[6]

2) Die Produktion von 1 kg Rindfleisch belastet das Klima so stark wie 250 Kilometer Autofahren.[7]

3) Die Produktion tierischer Nahrungsmittel ist für mindestens 51% der vom Menschen zu verantwortenden Treibhausgasemmissionen verantwortlich.[8]

Krankheit

Zahlreiche Studien belegen, daß eine gut zusammengestellte vegetarische Ernährung erheblich dazu beitragen kann, ernährungsbedingten Erkrankungen wie Arteriosklerose, Herz-Kreislauf-Erkrankungen, Hypertonie, Gicht und verschiedenen Krebserkrankungen vorzubeugen.[9]

Anmerkungen

[1] Z. B.: Pressemitteilung der Schweizerischen Vereinigung für Vegetarismus (SVV) vom 6. 6. 2008 zur UNO-Konferenz zur Welt-Ernährungssicherheit in Rom. „Intensiv-Massentierhaltung. Auswirkungen auf die Tiere, die Umwelt und die Welternährung.“ Information des Politischen Arbeitskreises für Tierrechte in Europa (PAKT)

vom Dezember 2007, S. 7.

[2] Homepage der Schweizerischen Vereinigung für Vegetarismus (SVV): http://www.vegetarismus.ch/info/oeko.htm#useofland. (Ökologische Folgen des Fleischkonsums >>> Landverbrauch.)

[3] Ebenda.

[4] Homepage der Schweizerischen Vereinigung für Vegetarismus (SVV): http://www.vegetarismus.ch/info/oeko.htm#waterpollution. (Ökologische Folgen des Fleischkonsums >>> Zerstörung der Gewässer.)

[5] Ökologische Folgen des Fleischkonsums. Broschüre der Schweizerischen Vereinigung für Vegetarismus (SVV), o. J., S. 2.

[6] Zurück zum Sonntagsbraten, Der Spiegel, 35, 2008, S. 72.

[7] Ökologische Folgen des Fleischkonsums. Broschüre der Schweizerischen Vereinigung für Vegetarismus (SVV), 2008, S. 9.

[8] Homepage der Schweizerischen Vereinigung für Vegetarismus (SVV): http://www.vegetarismus.ch/klimaschutz/index.htm

[9] Claus Leitzmann: Vegetarismus. C. H. Beck, 2007, S. 112.

Wege zum Veganismus

Wer Veganer will, muß den Vegetarismus fördern

In den letzen 20 Jahren habe ich in schätzungsweise ebenso vielen Beiträgen versucht, die moralische Wertigkeit einer vegetarischen und einer veganen Lebensweise für mich zu klären und das Ergebnis meinen Lesern zu vermitteln. An letzterem bin ich kläglich gescheitert. Zwei Gründe für dieses Scheitern sind wohl:

Erstens: Thematisierung und Beantwortung der Frage nach der moralischen Wertigkeit von Vegetarismus und Veganismus hängen in hohem Maße von der ethischen Grundposition ab, die man hat: Ist man „Deontologe", fragt man, ob eine Handlung *an sich* richtig ist, unabhängig von ihren Folgen. Ist man hingegen „Teleologe", geht es einem *gerade* um die Folgen einer Handlung. Das Nicht-Wahrnehmen oder Nicht-Wahrnehmen-Wollen dieser theoretischen Grundfrage ist einer fruchtbaren Diskussion naturgemäß nicht eben förderlich.

Zweitens: Das Thema Vegetarismus / Veganismus ist in so hohem Maße mit Emotionen besetzt, daß schon die gestellten *Fragen* kaum zur Kenntnis genommen werden – geschweige denn sachlich und rational diskutiert würden. So habe ich vorrangig folgende Frage behandelt:

Was ist die beste Strategie *gegenüber der Allgemeinheit*, also gegenüber Fleischessern, um dem Ziel einer veganen Gesellschaft näherzukommen?

Reaktionen bekam ich aber fast ausschließlich auf eine andere Frage: Zu welcher Ernährungsweise bin *ich*, Helmut F. Kaplan, moralisch verpflichtet?

Angesichts dieser Geschichte und Probleme will ich im folgenden versuchen, die Frage vegetarisch oder vegan einmal (fast) nur auf der Faktenebene zu behandeln.

Ökonomische und psychologische Fakten

Die kommerzielle Nutzung von Tieren bedeutet praktisch *immer* eine *Ausnutzung* der Tiere, weil das allgegenwärtige Wirtschaftlichkeitsdenken automatisch zur Ausbeutung der Tiere führt. Die Tiernutzungsindustrie bildet ein eng ineinander verwobenes Gesamtsystem zwecks Profitmaximierung, in dessen Zentrum die Fleischproduktion steht: Fast alle Tiere, die *irgendwie genutzt werden*, werden am Ende auch *gegessen*.

Die allgemeine Werbung für den *Vegetarismus* ist deshalb vergleichsweise erfolgversprechend, weil die Gründe für den Verzicht auf Fleisch nicht nur ethisch und rational plausibel sind (bzw. plausibel gemacht werden können), sondern weil sie quasi auch „lebenspraktisch" nachvollziehbar sind: Daß das Huhn oder Schwein, das ich gerade esse, vorher für mich getötet werden mußte, leuchtet unmittelbar ein, und daß ich in Hinkunft statt einer Wurstsemmel eine Käsesemmel essen werde, ist auch vergleichsweise leicht vorstellbar.

Beim *Veganismus* ist hingegen alles viel komplizierter, indirekter – und schwerer akzeptierbar: Daß die Milch, die in meinem Käse ist, ebenfalls von einem Tier stammt, das gequält wird und letztlich im Schlachthof landen wird, ist schon „viel weiter hergeholt“, als daß das Tier, das ich gerade esse, vorher für mich getötet werden mußte. Und daß ich in Hinkunft weder eine Wurstsemmel *noch* eine Käsesemmel essen soll, erscheint kaum vorstellbar. Wir dürfen nicht vergessen (was von Veganismus-Werbern fast immer vergessen wird): Bereits der Verzicht auf Fleisch, also der Schritt zu einer *vegetarischen* Lebensweise bedeutet für die allermeisten Menschen einen sehr, sehr großen, ja geradezu „mutigen“ Schritt!

Zum Vegetarismus kann man die Menschen im optimalen Falle führen, zum Veganismus müssen sie meist selber kommen. Der Schritt vom Vegetarier zum Veganer vollzieht sich im Stillen, im Privaten. Allerdings in aller Regel nur unter einer Voraussetzung: wenn die Betroffenen aus *ethischen* Gründen kein Fleisch essen. Deshalb ist es von so herausragender Bedeutung, die Menschen zum moralisch motivierten Vegetarismus zu führen.

Im Folgenden will ich nüchtern und emotionslos darlegen, welche Folgen welche Strategien zum jetzigen (2010) historischen Zeitpunkt meines Erachtens haben:

Vegetarismus-Politik schafft Vegetarier *und* Veganer

Zwischen (moralisch motiviertem) Vegetarismus und Veganismus besteht ein zwar nicht zwingender, wohl aber deutlicher Zusammenhang: Der Vegetarismus ist quasi die

Voraussetzung für den Veganismus, fast alle Veganer waren vorher Vegetarier. Kaum ein Fleischesser wird in einem Schritt zum Veganer. Aus einem Vegetarier wird vergleichsweise leicht ein Veganer, aus einem Fleischesser praktisch nie. Jeder Schritt zum Vegetarismus ist also gleichzeitig ein möglicher Schritt zum Veganismus. Kurz: Wer den Vegetarismus fördert, fördert damit gleichzeitig den Veganismus.

Entsprechendes gilt auf der ökonomischen Ebene: Ein spürbarer Impuls in Richtung Vegetarisierung der Gesellschaft initiiert eine Eigendynamik in Richtung Veganisierung der Gesellschaft. Denn die verschiedenen Formen der Tiernutzung bilden, wie gesagt, ein eng ineinander verwobenes Gesamtsystem, dessen wichtigstes Element die Fleischproduktion ist. Bricht nun dieses wichtigste Element, die Fleischproduktion, aufgrund fortschreitender Vegetarisierung weg, wird das Gesamtsystem weniger profitabel – und verschwindet allmählich. Fazit: Wenn wir die Vegetarisierung schaffen, bekommen wir die Veganisierung geschenkt.

Veganismus-Politik schafft *weder* Veganer *noch* Vegetarier

Der Versuch, „normale" Menschen, also Fleischesser zum jetzigen Zeitpunkt zu Veganern zu machen, ist nicht nur aussichtslos, sondern sogar schädlich: Wir schaffen damit nämlich nicht nur keine Veganer, sondern *verhindern* auch noch Vegetarier! Denn auch Menschen, die innerlich zu einer vegetarischen Lebensweise bereit wären, werden sofort eine „Kehrtwende“ machen, wenn wir ihnen eröffnen: Also, liebe Leute, die Sache ist aber eigentlich so: auch wenn ihr jetzt aufhört, Fleisch zu essen, so reicht das leider noch lange nicht. Ein solcherart „aufgeklärter“ potentieller Vegetarier wird augenblicklich emotional und intellektuell „zumachen“, weiterhin Fleisch essen und für lange Zeit (wenn nicht für immer) für weitere Bemühungen, ihn zum Fleischverzicht zu bewegen, taub sein.

Selbstverständlich soll man auch für den Veganismus werben. Aber nur, wo die realistische Chance besteht, Veganer zu schaffen, nicht, wo die Gefahr besteht, Vegetarier zu verhindern.

Literatur

1. Schmerz, Leiden, Gefühle, Intelligenz, Sozialleben und Moral bei Tieren

Bekoff, Marc: *Das Gefühlsleben der Tiere.* Animal Learn Verlag, 2008.

Bekoff, Marc (Hrsg.): *Tugend und Leidenschaft im Tierreich. Gedanken zu einer neuen Sicht der Natur.*Animal Learn Verlag, 2010.

Griffin, Donald R.: *Wie Tiere denken. Ein Vorstoß ins Bewußtsein der Tiere.* Dtv, 1998.

Masson, Jeffrey M.: *Wovon Schafe träumen. Das Seelenleben der Tiere.* Heyne, 2006.

Perler, Dominik, Wild, Markus: *Der Geist der Tiere: Philosophische Texte zu einer aktuellen Diskussion.* Suhrkamp, 2005.

Waal, Frans de: *Primaten und Philosophen. Wie die Evolution die Moral hervorbrachte.* Hanser, 2008.

2. Tierfabriken, -transporte, -schlachtung

Zur Information:

- Jährlich werden zwischen 50 und 60 Milliarden Tiere für menschliche Ernährungszwecke getötet. Fische und andere Wassertiere sind in diesen Zahlen nicht enthalten.[1]

- Allerdings sind diese Angaben höchstwahrschein lich zu niedrig angesetzt, ist doch an anderer Stelle von allein 50 Milliarden „Stück Geflügel" pro Jahr die Rede. [2]
- Der Prozentsatz der industriellen „Tierproduktion" an der gesamten „Tierproduktion" beträgt in den USA (über) 99 % [3], in Deutschland (über) 98 %.[4]

Foer, Jonathan Safran: *Tiere essen.* Kiepenheuer & Witsch, 2010.
Nilok, Paul: *Massentierhaltung: Nutzen und Folgen der Billigfleischproduktion.* FastBook Publishing, 2010.

3. Hunger als Folge der Fleischproduktion

Ali, Salim M.: *Fleisch: aus der Perspektive der Welternährung.* Books on Demand, 2010.
Imhoff, Daniel: *The CAFO Reader: The Tragedy of Industrial Animal Factories.* University of California Press, 2010.

4. Umweltzerstörung (inkl. Regenwaldzerstörung) als Folge der Fleischproduktion

Ali, Salim M.: *Fleisch: aus der Perspektive der Welternährung.* Books on Demand, 2010.
Foer, Jonathan Safran: *Tiere essen.* Kiepenheuer & Witsch, 2010.
Imhoff, Daniel: T*he CAFO Reader: The Tragedy of Industrial Animal Factories.* University of California Press, 2010.
Schlatzer, Martin: *Tierproduktion und Klimawandel.* LIT Verlag, 2010.

5. Klimaschädigung als Folge der Fleischproduktion

Ali, Salim M.: *Fleisch: aus der Perspektive der Welternährung.* Books on Demand, 2010.
Foer, Jonathan Safran: *Tiere essen.* Kiepenheuer & Witsch, 2010.
Imhoff, Daniel: *The CAFO Reader: The Tragedy of Industrial Animal Factories.* University of California Press, 2010.
Schlatzer, Martin: *Tierproduktion und Klimawandel.* LIT Verlag, 2010.

6. Krankheit als Folge des Fleischkonsums

Campbell, T. Colin, Campbell, Thomas M.: *Die „China Study" und ihre verblüffenden Konsequenzen für die Lebensführung.* Verlag für Ganzheitliche Medizin, 2010.
Foer, Jonathan Safran: *Tiere essen.* Kiepenheuer & Witsch, 2010.
Keller, Markus, Leitzmann, Claus: *Vegetarische Ernährung.* UTB, 2010.
Leitzmann, Claus: *Vegetarismus. Grundlagen, Vorteile, Risiken.* C. H. Beck, 2007.

7. Tierethik, Tierrechte

Cavalieri, Paola: *Die Frage nach den Tieren. Für eine erweiterte Theorie der Menschenrechte.* Harald Fischer Verlag, 2002.

Gruen, Lori: *Ethics and Animals: An Introduction.* Cambridge University Press, 2011.

Kaplan, Astrid: *Solange es Schlachthäuser gibt, wird es Schlachtfelder geben.* trafo Wissenschaftsverlag, 2010.

Kaplan, Helmut F.: *Ich esse meine Freunde nicht oder Warum unser Umgang mit Tieren falsch ist.* trafo Wissenschaftsverlag, 2009.

Kaplan, Helmut F.: *Tierbefreiungen – Kriminelle Akte oder oder konsequente Ethik?* In: Interdisziplinäre Arbeitsgemeinschaft Tierethik Heidelberg (Hrsg.): Tierrechte. Eine interdisziplinäre Herausforderung. Harald Fischer Verlag, 2007.

Kaplan, Helmut F.: *Der Verrat des Menschen an den Tieren.* Vegi-Verlag, 2007.

Kazez, Jean: *Animalkind: What We Owe to Animals.* John Wiley & Sons, 2010.

Linzey, Andrew: *The Link between Animal Abuse and Human Violence.* Sussex Academic Press, 2009.

Nussbaum, Martha C.: *Die Grenzen der Gerechtigkeit: Behinderung, Nationalität und Spezieszugehörigkeit.* Suhrkamp, 2010.

Nussbaum, Martha C., Sunstein, Cass R. (Hg.): *Animal Rights. Current Debates and New Directions.* Oxford University Press, 2006.

Patterson, Charles: *Für die Tiere ist jeden Tag Treblinka.* Zweitausendeins, 2004.

Phelps, Norm: *The Longest Struggle. Animal Advocacy from Pythagoras to PETA.* Lantern Books, 2007.

Rachels, James: *Created From Animals.* Oxford University Press, 1991.

Regan, Tom: *The Case for Animal Rights.* University of California Press, 2004.
Regan, Tom: *Die Tierrechtsdebatte.* In: Interdisziplinäre Arbeitsgemeinschaft Tierethik Heidelberg (Hrsg.): Tierrechte. Eine interdisziplinäre Herausforderung. Harald Fischer Verlag, 2007.
Singer, Peter: *Animal Liberation. Die Befreiung der Tiere.* Rowohlt, 1996.
Singer, Peter: *The Expanding Circle: Ethics, Evolution, and Moral Progress.* Princeton University Press, 2011.
Singer, Peter: *Praktische Ethik.* Reclam, 1994.
Wise, Steven M.: *Rattling the Cage. Toward Legal Rights for Animals.* Profile Books, 2001.
Wolf, Jean-Claude: *Tierethik.* Harald Fischer Verlag, 2005.
Wolf, Ursula: *Texte zur Tierethik*. Reclam, 2008.
Wolf, Ursula: *Das Tier in der Moral.* Klostermann, 2004.

Anmerkungen

[1] Z. B. Homepage von „Animals´Angels“ (>>> Tiertransporte).
[2] Im Akkord zur Schlachtreife, Der Spiegel, 7, 2011, S. 66.
[3] Freiheit für Tiere, 1, 2011, S. 51.
[4] Freiheit für Tiere, 1, 2011, S. 51; ALTEXethik, 2010, S. 29.

Bücher und Website von Helmut F. Kaplan

Ich esse meine Freunde nicht. Trafo Wissenschaftsverlag, 2009.

Der Verrat des Menschen an den Tieren. Vegi-Verlag, 2007.

Die Ethische Weltformel. Vegi-Verlag, 2003.

Tiere haben Rechte. Harald Fischer Verlag, 2002.

Wozu Ethik? Asku-Presse, 2001.

www.tierrechte-kaplan.org/